Coole Frisuren

Coole Frisuren

Text von Maria Neuman

Dorling Kindersley
London, New York, Melbourne, München und Delhi

Redaktion Elizabeth Hester
Gestaltung Jee Chang
Chefbildlektorat Michelle Baxter
Grafik Dirk Kaufman
Programmleitung Beth Sutinis
Illustrationen Jeremy Canceko
Zusätzliche Illustrationen Matt Dicke, Paul Hope, Engly Cheng, Erin Harney
Herstellung Ivor Parker
DTP-Design Kathy Farias
Covergestaltung Maxie Zadek

DOWNTOWN BOOKWORKS INC.

Vorsitz Julie Merberg
Leitung Patty Brown
Redaktion Sarah Parvis

Redaktion Schönheitstipps Joanne Noel Higgins
Fotos Angela Coppola

Für die deutsche Ausgabe:
Programmleitung Monika Schlitzer
Herstellungsleitung Dorothee Whittaker

Bibliografische Information Der Deutschen Bibliothek
Die Deutsche Bibliothek verzeichnet diese Publikation in der Deutschen Nationalbibliografie; detaillierte bibliografische Daten sind im Internet über http://dnb.ddb.de abrufbar.

Titel der englischen Originalausgabe:
Fabulous Hair

© Dorling Kindersley Limited, London, 2006
Ein Unternehmen der Penguin-Gruppe

© der deutschsprachigen Ausgabe by
Dorling Kindersley Verlag GmbH, München, 2007
Alle deutschsprachigen Rechte vorbehalten

Übersetzung Karin Hofmann
Satz Catherine Avak
Lektorat Franziska Jaekel

ISBN 978-3-8310-0973-2

Colour reproduction by Colourscan, Singapore
Printed and bound in China by Leo Paper Group

Besuchen Sie uns im Internet
www.dk.com

Inhalt

Alles über Haarpflege

8 Welcher Haartyp bist du?
10 Stylingprodukte
12 Stylinggeräte
14 10 Tipps für gesundes Haar
16 Die Top Ten des Haarschmucks

In der Schule

20 Zickzackscheitel
22 Wilder Pferdeschwanz
24 Affenschaukeln
26 Minikordeln

28 Witzige Knoten
30 Flippige Schwänze
32 Sportlicher Pferdeschwanz
34 Flechtzöpfe
36 Verrückte Zöpfe
38 Kordelzopf
40 Cooler Dutt

Am Wochenende

44 Peppige Schwänze
46 Coole Kordeln
48 Filmstarwelle
50 Zopfschnecken
52 Haare gut gebändigt
54 Schwimmfrisur
56 Hübsche Zöpfchen
58 Halb lockig, halb glatt
60 Total abgedreht
62 Flechtwerk
64 Glamourfrisur
66 Löwenmähne

Partyfrisuren

70 Edler Pferdeschwanz
72 Der Flip
74 Retro-Look
76 Haarschleier
78 Französischer Zopf
80 Geflochtener Dutt
82 Elegante Hochsteckfrisur
84 Einfach schön
86 Stäbchenfrisur
88 Die „Banane"
90 Seitlicher Knoten
92 Lockenpracht

94 Glossar
95 Register
96 Dank

Alles über Haarpflege

Genau wie dein Gesicht ist auch dein Haar einzigartig. In diesem Buch zeigen wir dir, dass es für jede Haarlänge und jeden Typ viele coole Stylingmöglichkeiten gibt – von der schnellen Hochsteckfrisur für die Schule über den witzigen Dutt für den Einkaufsbummel bis hin zur glamourösen „Banane" für die nächste Party. Du lernst aber auch, wie du deine Locken pflegst und immer gut damit aussiehst. Mit den richtigen Produkten ist das ein Kinderspiel. Bist du bereit für ein bisschen Haarkunde? Willst du wissen, welcher Unterschied zwischen Gel und Mousse besteht, wie du eine Hochsteckfrisur hinkriegst oder wie du deinen Look so richtig aufpeppen kannst? Dann ist dieses Buch genau richtig für dich!

Welcher Haartyp bist du?

Bevor du mit dem Frisurenstyling loslegst, solltest du herausfinden, welcher Haartyp du bist. Davon hängt nämlich ab, wie eine Frisur an dir aussieht und welche Art von Stylingprodukten du benötigst. Sieh dir die Fotos und Beschreibungen der Mädchen auf diesen Seiten an und finde heraus, welchem du am ähnlichsten bist. Suche dann im Buch nach ihrem Bild – dort findest du spezielle Stylingtipps für deinen Typ.

Nützliche Tipps

Stylingtipp
Wenn du einen Pony trägst, drehe ihn wie in Schritt 2 ein und stecke ihn mit ein paar Haarklemmen hinter dem Ohr fest.

Überall im Buch findest du solche Hinweiskästchen. Die darin abgebildeten Mädchen geben tolle Tipps für jeden Haartyp.

Dieses Symbol zeigt dir, wie lange du etwa für eine Frisur brauchen wirst.

Profi oder Anfänger? Ein weißer Balken heißt, diese Frisur ist einfach. Vier weiße Balken zeigen an, dass die Frisur ziemlich schwierig ist.

Alexis

Hallo, ich bin Alexis! Wenn dein Haar lang, mitteldick und glatt ist, hast du vielleicht ähnliche Probleme damit wie ich:

- Mein Haar sieht manchmal platt und strähnig aus.

- Wenn ich mein Haar eindrehe, halten die Locken nicht lange, es sei denn, ich benutze Stylingprodukte.

- Mein Haar sieht fettig aus, wenn ich es nicht jeden Tag wasche.

- Alles, was das Haar füllig wirken lässt, wie Gel oder Schaum, sieht an mir echt gut aus.

Nikki

Ich heiße Nikki. Mein Haar ist dunkel und glänzt. Es ist ziemlich dünn. Feines Haar ist oft schwierig zu stylen, weil jede Frisur schnell zusammenfällt.

- Mit feinem Haar sieht sogar ein Pferdeschwanz mickrig aus.

- Auch mit Gel und Wicklern hält eine Frisur nicht lange.

- Damit eine Hochsteckfrisur hält, brauche ich literweise Haarspray.

- Ich wasche mein Haar jeden Tag, sonst sieht es total platt und fettig aus.

- Produkte wie Gel und Schaum sind okay. Wachs dagegen lässt es kraftlos herunterhängen.

Welcher Haartyp bist du? 9

Mein Name ist Rosie. Alle meine Freundinnen sagen, sie hätten gern meine Locken. Aber manchmal machen mich meine Haare echt wahnsinnig! Geht es dir auch so?

- Wenn mein Haar bei Regen feucht wird, wird es ganz kraus.
- Für viele Frisuren muss ich mein Haar zuerst einmal glätten.
- Ich bekomme mein Haar nur mit Massen von Haarspülungen und glättenden Cremes unter Kontrolle.
- Beim Scheitelziehen hilft mir Wachs am besten.
- Ich muss mein Haar nicht täglich waschen, denn es ist eher trocken als fettig.

Ich bin Amy. Mein Haar ist dick, etwas wellig und ich habe einen langen Pony. Mir gefällt es, wenn mein Haar einfach herunterhängt. Hochsteckfrisuren halten bei mir nicht so toll. Ist das bei dir auch so?

- Bei feuchtem Wetter wird mein Haar kraus.
- Ein Lockenstab funktioniert bei mir prima, wenn ich vorher Gel und danach Spray aufs Haar gebe.
- Weil mein Haar so dick ist und nie platt anliegt, muss ich es nicht jeden Tag waschen.
- Wenn mein Haar richtig nass ist, dauert das Fönen ewig. Am schnellsten geht es, wenn das Haar nur noch etwas feucht ist.
- Bei trockenem und kaltem Wetter fängt mein Haar an zu fliegen.

Mein Name ist Tara. Kurzes Haar wie meines ist sehr pflegeleicht, aber man kann nicht allzu viel damit anfangen. Mein Haar hat eine raue Struktur. Hochsteckfrisuren halten da super.

- Mein Haar lässt sich prima locken, aber weil es so trocken ist, muss ich mit dem Lockenstab oder anderen beheizbaren Stylinggeräten ziemlich vorsichtig sein.
- Ich brauche mein Haar nicht so oft zu waschen, aber ich muss immer eine Spülung für die trockenen Spitzen verwenden.
- Leichte Produkte wie Gel und Schaum trocknen mein Haar noch mehr aus. Ich brauche Spülungen, die im Haar bleiben, und Stylingcremes.
- Bei sehr trockenem Wetter fängt mein Haar an zu fliegen.

Hast du deine Haartyp-Partnerin gefunden? Dann ist es jetzt Zeit für das Styling!

Stylingprodukte

Jedes Haar ist von Natur aus schön, aber für eine tolle Frisur braucht man manchmal bestimmte Produkte. Halte dich dabei an diese Regel: Je feiner dein Haar, desto leichter sollten die Produkte sein. Girls mit dünnem Haar bleiben besser bei leichtem Haarspray und einem Klecks Schaum. Dickes oder lockiges Haar verträgt schwereres Wachs oder Gel. Aber egal welcher Haartyp du bist: Übertreibe es nicht mit den Stylingprodukten – denn du kriegst sie nur durch Waschen wieder aus dem Haar!

sauber und gepflegt
Shampoo, Pflegespülung (wird ausgewaschen oder bleibt im Haar)

Wasche fettiges Haar ruhig jeden Tag. Lockiges Haar ist meist trockener und braucht nicht täglich gewaschen zu werden. Schamponiere dein Haar vollständig – trage aber die Spülung (Conditioner) nicht auf die Kopfhaut auf, das macht das Haar schlaff.

glatt und glänzend
Wachs, Glanzspray

Willst du ein Glätteisen verwenden, sprühe zum Schutz vorher sorgfältig ein glättendes Spray auf das Haar. Wachs lässt eine Frisur griffiger und strähniger wirken, sollte aber nur sparsam verwendet werden.

Stylingprodukte 11

Volumen
Schaum, Gel

Alle Mädels mit dünnem Haar hergehört: Schaum wirkt besonders gut auf feuchtem Haar und sollte vom Ansatz zur Spitze aufgetragen werden. Ein Volumen-Gel trägt man nur am Ansatz auf, weil es etwas dicker ist.

Wie viel?
Damit dein Haar nicht kraus oder schlaff wird, halte dich an die richtige Menge:

Erbsengroß
Diese Menge reicht für schwere Produkte wie Wachs.

Walnussgroß
Die richtige Menge für eine Spülung, die im Haar bleibt, für Stylingcreme oder Gel.

Halt
Gel, Haarspray

Tennisballgroß
Diese Menge brauchst du bei Schaumprodukten.

Jeder braucht ein gutes Haarspray. Bei einer kreativen Frisur trägt man es immer zuletzt auf. Ein schneller Sprüher über das Haar hält nämlich alles an seinem Platz.

Stylinggeräte

Am allerwichtigsten für die Frisuren in diesem Buch ist das richtige „Werkzeug". Du weißt nicht genau, welches Gerät du wofür benötigst? Die wichtigsten davon (du brauchst sie zum Nachmachen der folgenden Stylings) werden hier vorgestellt.

Heiße Geräte

Diese Stylinggeräte trocknen, glätten oder kräuseln dein Haar. Sie können ziemlich heiß werden, also sei vorsichtig damit.

Ein Kreppeisen besitzt zwei ineinander greifende gezackte Platten. Um kleine Zickzackwellen zu erhalten, legt man eine Haarsträhne etwa fünf Sekunden lang dazwischen. Dann öffnet man das Eisen und verschiebt es ein Stück.

Ein Lockenstab ist der schnellste Weg zu schönen Locken. Für größere Locken nimmst du den größeren Aufsatz, für kleinere den kleinen. Jede Haarsträhne sollte aber nie länger als fünf bis sieben Sekunden mit dem Stab aufgedreht werden.

Ein guter Fön verkürzt die Trockenzeit und macht das Haar nicht so kraus. Nimm einen, der warm und kalt fönt und der eine Düse besitzt, mit der du den Luftstrom kontrollieren kannst, damit das Haar schön glatt wird.

Ein Diffusor-Aufsatz verteilt die Luft, die aus dem Fön kommt und verhindert, dass Locken durcheinander geblasen werden.

Beheizbare Wickler sind am besten, wenn du Locken wie eine Prinzessin am ganzen Kopf haben möchtest. Heize die Wickler zehn Minuten vor und befestige sie dann mit speziellen Haarnadeln am Kopf.

Haftwickler sind eine andere Möglichkeit, Locken zu bekommen. Mit ihren kleinen „Zähnchen" halten sie von selbst am Kopf, aber du brauchst einen Fön, der das Haar trocknet.

Glätteisen machen dein Haar mit ihren Metall- oder Keramikplatten richtig schön glatt. Dazu klemmst du eine Strähne oben in Ansatznähe ein und ziehst das Eisen langsam bis zum Ende der Strähne hinab.

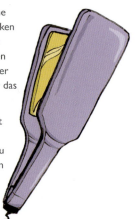

Stylinggeräte 13

Bürsten und Kämme

Mit Bürsten und Kämmen befreist du dein Haar nicht nur von Knoten, sie sind auch die perfekten Helfer bei beheizbaren Stylinggeräten.

Ein grobzinkiger Kamm ist gut geeignet, um nasses oder feuchtes Haar zu entwirren. Man kann damit auch prima Gel oder Schaumprodukte im Haar verteilen.

Eine Rundbürste brauchst du zum Glattfönen. Dazu legst du die Bürste unter eine Haarpartie und fönst von oben drauf. Du kannst damit aber auch die Haarenden locken.

Eine Paddelbürste hat eine breite Oberfläche, aus der die Borsten herausschauen. Am besten kann man damit trockenes Haar kämmen.

Ein Kamm mit feinen Zinken hilft dir beim Scheiteln der Haare und wenn du eine Frisur zum Abschluss noch einmal glätten willst. Etwas Haarspray auf die Frisur und vorsichtig mit diesem Kamm darüber gehen – schon ist dein Styling perfekt.

Haarklemmen & Co.

Damit eine Frisur hält, braucht man Nadeln, Spangen, Klammern und Haargummis. Davon kann man nie genug haben.

Haarklemmen helfen dir, lose Strähnen zu sichern oder hochzustecken. Du musst sie nur etwas zwischen den Fingern aufbiegen und ins Haar schieben. Eine **Haarnadel** ist schon offen und dient zum Befestigen eines Dutts oder einer „Banane".

Haarklemme   Haarnadel

Haarklammern gibt es in allen Größen. Zum Öffnen drückst du sie hinten zusammen und klammerst sie dann im Haar fest. Die großen Klammern können einen Pferdeschwanz halten, die kleinen sind eher als Schmuck gedacht und halten höchstens dünne Strähnchen.

Haargummi Bei feinem Haar nimmst du dünnere Gummis, bei dickem Haar die dickere Version. Die Gummis gibt es auch in groß und klein, also suche dir die richtige Größe für deine Frisur aus.

10 Tipps für gesundes Haar

Kräftiges, glänzendes Haar ist die beste Grundlage für alle Frisuren. Damit deine Mähne richtig toll aussieht, musst du dich gut um dein Haar und deine Kopfhaut kümmern. Das heißt, du musst sie nähren, schützen und pflegen. Sei gut zu deinem Haar, es lohnt sich!

1 Regelmäßiges Schneiden Auch wenn du dein Haar wachsen lässt, solltest du es alle drei bis sechs Monate schneiden lassen, damit die Spitzen nicht brüchig werden.

2 Einschäumen Wenn dein Haar fettig ist, wasche es jeden Tag. Ist es eher trocken, kannst du ruhig mal zwei oder drei Tage auslassen.

3 Wasser marsch! Wenn du gern schwimmen gehst, spüle dein Haar danach immer mit klarem Wasser aus. Das Chlor im Schwimmbad trocknet stark aus und lässt blondes Haar grün aussehen.

4 Entknotungskünstler Verwende zum Entwirren deiner frisch gewaschenen Haare immer einen Kamm mit groben Zinken.

5 Elastik-Alarm Nimm niemals gewöhnliche Haushaltsgummis für deine Frisuren, sie machen das Haar brüchig und anfällig für Spliss.

10 Tipps für gesundes Haar | 15

6 **Richtig essen** Dein Haar ist ein Spiegel dessen, was du isst. Also lass es gut aussehen, indem du viel Obst, Gemüse und mageres Eiweiß (Geflügel und Fisch) zu dir nimmst.

7 **Produktauswahl** Du solltest nie mehr als zwei Stylingprodukte gleichzeitig benutzen. Brauchst du für eine Frisur mehr, ist sie vielleicht nicht die richtige.

8 **Heiß, heiß, heiß!** Wenn du dir nicht sicher bist, wie man ein Glätteisen oder einen Lockenstab benutzt, frage lieber einen Friseur. Diese Geräte können dir deine Frisur nämlich regelrecht „verbrutzeln".

9 **Sonnenschutz** Genau wie deine Haut, kann auch dein Haar Sonnenbrand bekommen. Kämme etwas Sonnenschutzcreme oder eine Spülung hinein, die nicht ausgewaschen werden muss (Leave-in-Conditioner), ehe du an den Strand gehst.

10 **Kräuselfaktor** Eine der Hauptursachen für krauses Haar ist, dass es im nassen Zustand mit einem Handtuch trocken gerubbelt wird. Am besten wickelst du das Handtuch um den Kopf und wartest, bis es die Nässe aufgesaugt hat.

Die Top Ten des Haarschmucks

Der Stil einer Frisur hängt von den Accessoires ab, die du dafür benutzt. Eine Haarklammer macht einen ganz anderen Eindruck als eine Haarspange mit Blüten. Mit Haarschmuck kannst du deine modischen Vorlieben zeigen und gleichzeitig deine Frisur befestigen. Hier stellen wir zehn Haarschmuck-Favoriten vor und sagen dir auch, wie du sie am besten einsetzt.

Haarreifen halten das Haar aus dem Gesicht oder peppen einen niedrigen Pferdeschwanz auf.

Haarnadeln befestigen einen Dutt und sehen mit einer Verzierung richtig hübsch aus.

Haarklemmen können eine Verzierung sein und gleichzeitig dein Haar halten – genial, oder?

Clips sind eine hübsche Art, einen Pony aus dem Gesicht zu halten. Wie wäre es gleich mit mehreren in deinen Lieblingsfarben?

Die Top Ten des Haarschmucks | 17

5

Mit Essstäbchen kann man einen Dutt befestigen. Oder man steckt sie zur Zierde hinein, weil sie so schön asiatisch aussehen.

6

Diese Haargummis schaden dem Haar nicht, weil sie keine Metallteile haben. Außerdem kann man die Farben passend zum Outfit wählen.

7

Haarklammern verhindern, dass Zöpfe oder gedrehte Haarsträhnen sich auflösen. Große Klammern halten auch einen ganzen Pferdeschwanz. Einfach zusammendrücken und im Haar festklemmen.

8

Dünne Haarbänder halten dir in der Schule das Haar aus dem Gesicht. Sie sehen aber auch cool aus, wenn man sie ums Handgelenk wickelt.

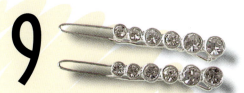

10

9

Miniclips sind die perfekte Verzierung für eine modische Hochsteckfrisur oder wenn du deinem Haar einfach etwas Glanz verleihen willst.

Kämmchen wie dieses sind das passende Zubehör, wenn du deine Haare gern hinter die Ohren klemmst. Sie halten am besten in dickerem Haar.

Wie trägst du dein Haar in der Schule?

Du kennst das sicher: Der Wecker klingelt, du musst aufstehen und dich für die Schule fertig machen. Deine Kleidung hast du vielleicht schon am Abend vorher ausgesucht. Aber kriegst du morgens eine coole Frisur hin oder endet es immer mit demselben Pferdeschwanz? Wenn ja, geht es dir wie vielen anderen. Doch das muss nicht sein! Auf den nächsten Seiten zeigen wir dir Frisuren für die Schule, die ganz schnell gehen und von uns getestet wurden, damit dir auch in der schwierigsten Mathestunde nicht das Haar ins Gesicht fällt. Suche dir deine Lieblingsfrisur aus und probiere einfach sie nachzumachen. Wir versprechen dir, du wirst so toll aussehen, dass es niemandem auffällt, wenn du zwei Tage hintereinander dieselben Klamotten trägst.

20 | In der Schule

Zickzackscheitel

Dies ist eine schnelle Möglichkeit, dein Haar flippig aussehen zu lassen, obwohl du es ganz einfach offen trägst. Mit ein paar Richtungswechseln deines Kammes kannst du deinem Mittelscheitel dieses verwegene Aussehen verleihen. Die perfekte Frisur, wenn du ohnehin spät dran bist, denn du brauchst dafür nur eine Minute.

So wird's gemacht
Du brauchst: Kamm • Haarspray

1 Kämme das feuchte Haar mit einem breitzinkigen Kamm nach vorne, sodass dir die Seiten ins Gesicht fallen.

2 Setze den Kamm oben am Hinterkopf an (genau am Wirbel, wo der Scheitel beginnt). Ziehe den Kamm etwa zwei Zentimeter schräg nach vorne. Teile dabei das Haar mit der Hand.

3 Ziehe den Kamm nun zwei Zentimeter schräg in die andere Richtung. Bewege ihn weiter hin und her durch das Haar, bis du an der Stirn angekommen bist.

Zickzackscheitel 21

Zickzack-Frisur

Nachdem du nun den Zickzackscheitel beherrschst, kannst du auch noch das restliche Haar frisieren. Damit man den Scheitel gut sieht, suche dir eine Frisur aus, die niedrig sitzt (wie ein Pferdeschwanz, ein Zopf oder ein Knoten) und schön glatt ist, sodass der Scheitel im Mittelpunkt steht.

Probiere das mal!

So wird's noch schöner!

Stylingtipp
Bei feinem Haar nimm etwas Glanzspray oder Leave-in-Conditioner, damit keine Strähnchen abstehen und dein Zickzackscheitel schön ordentlich sitzt.

Diese Clips sind quadratisch, eckig, gut.

Eine verspielte Blumenklemme für ein romantisches Styling.

Dekorative Spiralen sorgen für den richtigen Dreh, wenn du sie direkt an die Ecken des Scheitels setzt.

Ein Schmetterlingsgummi steht jedem Pferdeschwanz und peppt auch die einfachsten Frisuren auf.

Wilder Pferdeschwanz

Ein einfacher Weg, deine Lieblingsfrisur ein bisschen flippiger zu gestalten. Das Beste daran ist, dass du dabei nichts falsch machen kannst, weil sie gar nicht perfekt wirken soll. Da diese Frisur besser mit ungewaschenem Haar hält, ist sie obendrein genau richtig, wenn du mal keine Zeit zum Haarewaschen gefunden hast.

So wird's gemacht

Du brauchst: Fön • grobzinkigen Kamm • Haargummi • Wachs

1 Beuge den Kopf vor und föne dein Haar trocken. Knautsche dabei einzelne Partien immer wieder zusammen. Nicht kämmen, denn das zerstört das „wilde" Aussehen. Wirf das trockene Haar zurück und glätte es mit den Fingern.

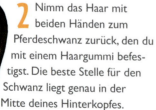

2 Nimm das Haar mit beiden Händen zum Pferdeschwanz zurück, den du mit einem Haargummi befestigst. Die beste Stelle für den Schwanz liegt genau in der Mitte deines Hinterkopfes.

3 Verreibe einen Klecks Wachs in den Händen. Nimm einzelne Strähnen deines Pferdeschwanzes und massiere in jede etwas Wachs hinein. So erhält deine Frisur ein noch verrückteres und wildes Aussehen.

Wilder Pferdeschwanz 23

Lockengirls

So wird's noch schöner!

Wenn du eine der Glücklichen mit hübschen Ringellöckchen bist, sieht es sehr romantisch aus, wenn dein Pferdeschwanz etwas tiefer und nicht zu straff sitzt. Probiere ein bisschen mit dem Haargummi herum, bis alles so aussieht, wie es dir am besten gefällt.

Ein Gummi mit Perlen macht viel mehr her als ein gewöhnliches Haargummi – und hält genauso gut.

Dekorative Haarnadeln können eine wilde Mähne für spezielle Anlässe in eine elegante Frisur verwandeln.

Eine Reihe Mini-Klammern verleiht der Frisur einen ganz besonderen Akzent.

Flatternde Bänder passen prima zu einem niedrigen, lockeren Pferdeschwanz im Romantiklook.

Stylingtipp

Etwas Schaum kann dünnes Haar aufplustern, sodass diese Frisur noch besser aussieht.

In der Schule

Affenschaukeln

Bist du sehr schwungvoll? Dann ist diese Frisur genau richtig! Dafür werden zwei einfache Schwänze hinter den Ohren nach oben gebogen und festgesteckt. Das geht ganz einfach und sieht außerdem hübsch und modisch aus, wenn du die richtigen Accessoires dazu benutzt. Außerdem ist diese Frisur sehr gut für den Sportunterricht geeignet!

So wird's gemacht

Du brauchst: Bürste • zwei Haargummis

1 Kämme dein Haar mit der Bürste gut durch. Ziehe dann einen Mittelscheitel, der bis zum Nacken hinabreicht.

2 Nimm die eine Seite des Haares zu einem Schwanz zusammen. Wenn du das Haar zum letzten Mal durch das Gummi ziehst, lass die Spitzen drin stecken.

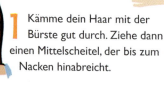

3 Auf der anderen Seite machst du es genauso. Danach zupfst und ziehst du die „Schaukeln" mit den Händen zurecht, damit sie gleich groß sind.

Affenschaukeln | 25

Fantasiezöpfe

Stylingtipp
Bei kürzeren Haaren können überall Strähnen aus den „Schaukeln" herausstehen. Das sieht trotzdem total hübsch aus!

Wenn du sehr lockiges Haar hast, solltest du die Zöpfe flechten und die Enden mit einem Haargummi sichern. Biege dann die Zöpfe nach unten um und befestige die Enden mit Klemmen dort, wo der Zopf beginnt.

Verdecke die Haarspitzen mit einer großen Schleife. Du kannst auch eine nehmen, die schon an einem Haargummi befestigt ist.

So wird's noch schöner!

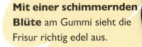

Für einen extra Farbklecks nimm so ein buntes, dickes Haargummi wie dieses.

Mit einer schimmernden Blüte am Gummi sieht die Frisur richtig edel aus.

Hellrosa Muschelspangen stecken einen Pony oder abstehende Strähnen weg.

Minikordeln

Wenn du dein Haar gern offen trägst, es aber trotzdem ein bisschen stylen willst, ist diese Frisur gut für dich geeignet. Diese Kordeln sehen von vorne wie von hinten und bei jedem Haartyp gut aus. Hast du einen Stufenschnitt? Dann probiere auch diese Frisur, die dir dein Haar einen ganzen Schultag lang aus dem Gesicht hält.

So wird's gemacht

Du brauchst: Bürste • Kamm • Haargummi

1 Bürste dein Haar gut durch und ziehe dann mit dem Kamm einen geraden Mittelscheitel.

2 Teile über der Stirn zwei dünne Partien ab (eine auf jeder Seite des Scheitels). Jede von ihnen teilst du wiederum in zwei Strähnen, die du eng umeinander drehst, bis du am Haarende angekommen bist. Sichere die „Kordel" mit einem Gummi.

3 Binde beide „Kordeln" am Hinterkopf mit einem Haargummi zusammen und entferne die beiden anderen Gummis.

Minikordeln 27

So wird's noch schöner!

Ein glänzender Clip hält das Haar an seinem Platz und ist in vielen Farben erhältlich.

Bei diesem Clip kann man das Metallteil unter das Haar schieben, sodass man nur noch die Blume sieht.

Haarklemmen mit Pünktchen sehen immer cool aus, egal ob in der Schule oder am Wochenende.

Mit einem Clip gesichert bleiben die Kordeln an ihrem Platz.

Vierfache Kordeln

Wenn du das Strähnchendrehen beherrschst, kannst du die Frisur auch mal mit vier Kordeln versuchen. Folge dafür den Schritten in der Anleitung, teile aber in Schritt 2 vier statt zwei Partien ab. Am einfachsten ist es, wenn du zuerst zwei Kordeln wie in Schritt 3 drehst und danach ein zweites Paar hinzufügst.

Stylingtipp

Lässt du dir gerade den Pony wachsen? Dann ist dies die perfekte Frisur.

Witzige Knoten

Dies ist eine unserer Lieblings-Schulfrisuren (flippig und praktisch zugleich). Wenn du das Knotenmachen beherrschst, stehen dir tausend Möglichkeiten offen, diese Frisur zu variieren. Auch mit kürzerem Haar kann man das hinkriegen, sodass du und deine beste Freundin die gleiche Frisur tragen und trotzdem total unterschiedlich aussehen könnt!

So wird's gemacht

Du brauchst: Kamm • Gel • 2 Haargummis

1. Teile dein Haar mit einem Kamm in drei Partien (linke Seite, oben und rechte Seite). Verteile etwas Gel auf den Händen und fahre damit über das Haar. Sichere jede Partie am Ansatz (am Kopf) mit einem kleinen Gummi.

2. Nimm eine Partie, drehe sie zu einem „Kringel" und ziehe das Haarende hindurch. Schiebe den so entstandenen Knoten runter, bis er das Gummi verdeckt.

3. Knote die anderen Haarpartien auf dieselbe Weise. Bürste das restliche Haar und lass es offen.

Witzige Knoten 29

Knoten für kurzes Haar

Mit kürzerem Haar kann diese Frisur etwas schwierig sein. Damit nicht überall die Haarenden heraustehen, knotest du am besten nur dünne Haarsträhnen. Probiere es mal mit ein paar kleineren Knoten über der Stirn oder an der Seite des Kopfes entlang.

So wird's noch schöner!

Eine Plastikblume ist die Krönung jedes Knotens.

Eine Haarklemme mit Blüte weckt Sehnsucht nach der Südsee.

Diese Spiralklemmen lassen jeden Knoten funkeln, wenn sie direkt daneben ins Haar gedreht werden.

Haarklemmen und Gummis im selben Farbton? Total super!

Stylingtipp
Bei lockigem Haar klappt diese Frisur besser, wenn das Haar noch feucht ist. Dann verfilzt es nicht so leicht.

Flippige Schwänze

Gib einer einfachen Frisur doch mal ein bisschen Pep! Vor allem, wenn sie nicht nur hübsch aussieht, sondern auch ganz schnell nachzumachen ist. Uns gefällt sie, weil sie sich leicht abändern lässt und du mit den vielen Haargummis allen deine Lieblingsfarben zeigen kannst. Eine perfekte Mischung aus Farbe und Coolness.

So wird's gemacht

Du brauchst: Kamm • viele Haargummis (mindestens 6)

1. Kämme dein feuchtes Haar mit einem grobzinkigen Kamm durch. Ziehe dann einen geraden Mittelscheitel. Fasse beide Haarpartien hinter den Ohren zu Schwänzen zusammen und sichere sie mit Gummis.

2. Befestige zwei weitere Haargummis etwa in der Hälfte der Schwänze.

3. Die Enden werden ebenfalls mit zwei Haargummis gesichert.

Flippige Schwänze **31**

Geflochtene Variante

Das sieht ebenfalls gut aus: Flechte das Haar zwischen den einzelnen Gummis. Die Zopfenden kannst du auch umbiegen und mit einem Gummi befestigen, das sieht noch interessanter aus. Diese Frisur ist prima für den Sportunterricht geeignet und hält dir an heißen Tagen den Nacken frei.

Probiere das mal!

So wird's noch schöner!

Gewellte Haargummis sind am besten für dickes oder lockiges Haar geeignet.

Diese modischen Gummis sind mit Perlen verziert.

Stylingtipp
Bei kürzerem Haar schiebst du die Gummis weiter zusammen oder nimmst nur zwei statt drei.

Auch ganz einfache Haargummis sehen cool aus, wenn sie so bunt sind wie diese.

Sportlicher Pferdeschwanz

Willst du sportlich und modisch zugleich aussehen? Dann ist diese Frisur genau die richtige für dich! Sie hält dir die Haare aus Gesicht und Nacken und ist somit für alle Sportarten super. Wenn du in einer Mannschaft spielst, könntet ihr vielleicht alle diese Frisur tragen, dann seid ihr ein total durchgestyltes Team!

Sportlicher Pferdeschwanz **33**

So wird's gemacht

Du brauchst: grobzinkigen Kamm • Haargummis

1 Kämme dein feuchtes Haar mit einem breitzinkigen Kamm, damit die Frisur später schön glatt wird. Nimm dann das Haar von oben und von den Seiten deines Kopfes zusammen und sichere es mit einem Haargummi direkt hinter dem natürlichen Wirbel am Oberkopf.

Stylingtipp
Wenn du möchtest, kannst du statt einfacher Haargummis auch welche mit Verzierungen benutzen.

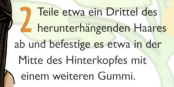

2 Teile etwa ein Drittel des herunterhängenden Haares ab und befestige es etwa in der Mitte des Hinterkopfes mit einem weiteren Gummi.

So wird's noch schöner!

Haargummis mit Blüten machen diese Frisur elegant.

3 Nimm nun das gesamte Haar unterhalb des zweiten Gummis und binde es zu einem niedrigen Pferdeschwanz. Sehr langes Haar kannst du weiter unten noch einmal mit einem Gummi abbinden.

Besonders cool wirken so ausgefallene Haargummis wie dieses. Suche dir Farben aus, die sich gut von deinem Haar abheben.

Große Haarklammern können die Haargummis ersetzen – oder sie einfach verdecken, wenn es mal etwas Besonderes sein soll.

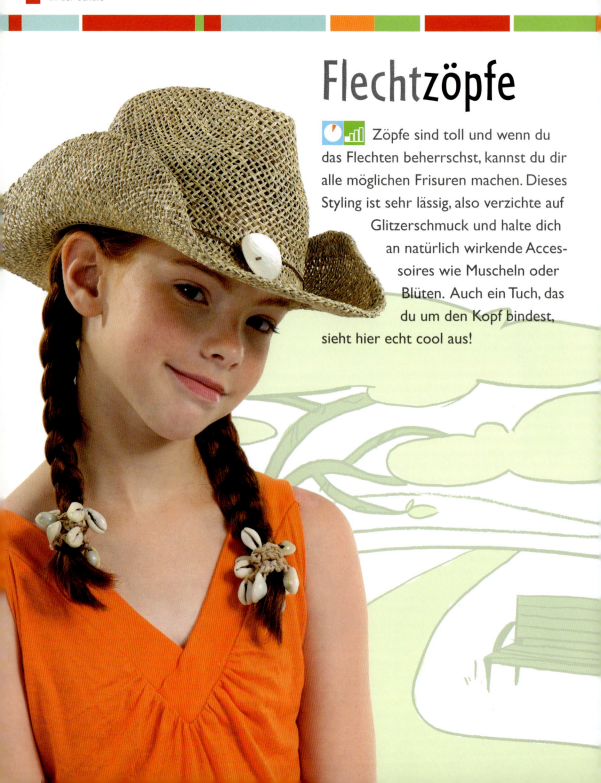

Flechtzöpfe

Zöpfe sind toll und wenn du das Flechten beherrschst, kannst du dir alle möglichen Frisuren machen. Dieses Styling ist sehr lässig, also verzichte auf Glitzerschmuck und halte dich an natürlich wirkende Accessoires wie Muscheln oder Blüten. Auch ein Tuch, das du um den Kopf bindest, sieht hier echt cool aus!

Flechtzöpfe 35

So wird's gemacht

Du brauchst: Fön • Bürste • Kamm • Haargummis

1 Föne dein Haar völlig trocken und bürste es gut durch. Dann ziehst du mit dem Kamm einen Mittelscheitel. Binde eine Seite zu einem Schwanz, damit sie dir nicht im Weg ist.

2 Teile nun das Haar der anderen Seite in drei Partien. Beim Flechten legst du die rechte Partie über die mittlere Strähne und dann die linke Partie ebenfalls über die mittlere Strähne. Das wiederholst du nun, bis du das Zopfende erreicht hast. Dieses sicherst du dann mit einem Gummi.

3 Wiederhole Schritt 2 auch mit der anderen Seite. Wenn du zwei Zöpfe geflochten hast, richtest du noch die beiden Haargummis aus, damit sie auf gleicher Höhe sind, und fertig ist die Frisur!

Stylingtipp

Wenn dein Haar zu kurz ist, stecke herausrutschende Strähnen mit einem Clip oder einer Klemme fest – oder lass sie einfach schön wild herausschauen.

So wird's noch schöner!

Mit so einem Haargummi wird das Ende deiner Zöpfe mit einer hübschen Blüte verziert.

Ein buntes Band verleiht dieser Frisur mädchenhaften Charme. Nimm zwei von derselben Farbe oder mische die Farben nach Lust und Laune.

Eine Wollmütze passt im Winter ganz prima zu dieser Frisur und es sieht einfach super aus, wenn die Zöpfe unter der Mütze herausschauen.

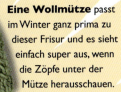

In der Schule

Verrückte Zöpfe

Das Beste an dieser Frisur ist, dass du sie schon am Abend vor der Schule machen kannst und am Morgen nur noch ein paar Accessoires hinzuzufügen brauchst (kleine Zöpfchen zu flechten kostet Zeit und davon hat man morgens meist nicht genug). Außerdem hält sie ein paar Tage lang, du brauchst also nur die Accessoires auszutauschen, schon sieht die Frisur immer wieder aus wie neu.

Stylingtipp

Bei lockigem Haar kannst du vor dem Flechten erst etwas Glättcreme auf jede Strähne geben, dies macht das Haar geschmeidiger. Verteile einen Klecks Creme zwischen den Fingern und streiche damit vom Ansatz bis zur Spitze der Strähne.

Verrückte Zöpfe 37

So wird's gemacht

Du brauchst: Bürste • kleine Haargummis

1 Bürste dein Haar gut durch. Teile dann rund um dein Gesicht 2 cm dicke Strähnen von deinem Haar ab (insgesamt etwa fünf Strähnen) und sichere sie locker mit Haargummis. Am besten nimmst du den Rest deines Haares zu einem Pferdeschwanz zurück, damit es dich nicht beim Flechten stört.

So wird's noch schöner!

Diese kleine Schmetterlingsklemme hält deine Zöpfchen an Ort und Stelle.

Kleine Klammern können gleich mehrere Zöpfchen auf einmal halten.

Spangen mit funkelnden Steinen machen die Zöpfchenfrisur richtig cool.

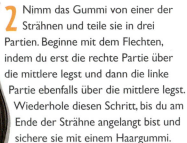

2 Nimm das Gummi von einer der Strähnen und teile sie in drei Partien. Beginne mit dem Flechten, indem du erst die rechte Partie über die mittlere legst und dann die linke Partie ebenfalls über die mittlere legst. Wiederhole diesen Schritt, bis du am Ende der Strähne angelangt bist und sichere sie mit einem Haargummi.

3 Flechte auch die anderen Strähnen auf diese Weise. Löse den Pferdeschwanz und bürste dein Haar noch einmal durch.

Probiere das mal!

Mehr Glanz erhält die Frisur, wenn du mehrere Zöpfchen mit funkelnden Clips zusammenfasst.

Edle Eleganz

So sieht diese Frisur elegant aus: Statt die Zöpfe um dein Gesicht baumeln zu lassen, verteilst du sie am Scheitel entlang und fasst sie auf halber Höhe mit kleinen Klammern zusammen.

In der Schule

Kordelzopf

Nun weißt du also, wie man einfache Zöpfe flicht. Bist du bereit für die nächste Stufe? Dann probier's mal mit diesem Kordelzopf. Eigentlich geht er viel einfacher, weil man dafür nur zwei Haarsträhnen braucht. Wir zeigen dir hier zwei Frisuren mit Kordelzöpfen, aber dir fallen sicher noch viel mehr Möglichkeiten ein.

So wird's gemacht

Du brauchst: Bürste • 2 Haargummis

1. Nimm das Haar mit einem Gummi zu einem Pferdeschwanz zurück.

2. Teile den Pferdeschwanz in zwei gleiche Partien.

3. Wickle nun die eine Partie eng um die andere und sichere das Zopfende mit einem Haargummi.

Kordelzopf | 39

Minikordel

Anstelle eines geflochtenen Zopfes am Hinterkopf, kannst du es auch mal mit einem seitlichen Minikordelzopf probieren. Sichere ihn gut mit einem seitlichen Gummi oder einer Klammer und schon hast du eine tolle neue Frisur!

Probiere das mal!

Dieses Haargummi ist so wellig wie ein Kordelzopf. Cool!

Stylingtipp
Wenn du einen Pony hast, setze die Minikordel weiter hinten an. Besonders gut sieht es direkt hinter dem Pony aus.

So wird's noch schöner!

Wenn dir Lila gefällt, probiere doch mal so hübsche Stoff-Zopfhalter wie diese.

Auf diese Haargummis wurden Perlen gefädelt. Das sieht toll aus!

Girls mit dickem Haar können ihren Kordelzopf noch mit solchen Spangen verzieren.

Cooler Dutt

Egal, ob du gerade in der Schule bist oder im Internet surfst – dieser coole Dutt ist genau das, was du brauchst. Diese Frisur sieht den ganzen Tag lang gut aus und kommt, mit ein paar hübschen Accessoires verziert, auch abends auf der Party ganz groß raus. Du brauchst also vorher nicht stundenlang wegen einer kunstvollen Frisur vorm Spiegel stehen, sondern kannst dich voll auf dein Outfit konzentrieren!

So wird's gemacht

Du brauchst: 2 Haargummis • Haarspray • Haarklemmen • Glanzspray

1 Binde dein Haar hinten am Oberkopf zu einem Pferdeschwanz. Achte darauf, dass die Seiten schön glatt anliegen.

Stylingtipp

Wenn dein Haar eher kurz ist, style dich am besten immer mit feuchtem Haar. Gib etwas Gel ins Haar und massiere es vom Ansatz bis zu den Spitzen ein. Dann bürste das Haar gut durch – und beginne mit Schritt 1.

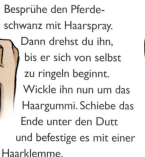

2 Besprühe den Pferdeschwanz mit Haarspray. Dann drehst du ihn, bis er sich von selbst zu ringeln beginnt. Wickle ihn nun um das Haargummi. Schiebe das Ende unter den Dutt und befestige es mit einer Haarklemme.

3 Sichere den Dutt mit Haarklemmen. Nimm dabei immer Haar von der Kopfhaut und Haar vom Dutt gleichzeitig auf (dann hält die Frisur bombenfest). Sprühe noch etwas Glanzspray darüber – das bringt die Frisur zum Schimmern.

Cooler Dutt | 41

So wird's noch schöner!

Dieses Accessoire kann man direkt auf dem Dutt befestigen, sodass die Frisur einen völlig neuen Look erhält.

Kämmchen sehen hübsch aus, wenn man sie auf beiden Seiten neben dem Dutt so ins Haar steckt, dass die Zähne der Frisur extra Halt verleihen.

Eine Haarnadel mit riesiger Blüte ist das perfekte Accessoire für eine aufregende Party!

Wie trägst du dein Haar am Wochenende?

Jetzt ist es Zeit, die Schulbücher in die Ecke zu werfen und sich zu amüsieren. Was hast du dieses Wochenende vor? Machst du mit deinen Freundinnen einen Einkaufsbummel, schläfst dich mal richtig aus oder unternimmst du etwas mit deiner Familie? Am Wochenende gibt es viele Möglichkeiten, Spaß zu haben und wir werden dir ein paar coole Frisuren zeigen, die alles mitmachen. Du findest hier Ideen für jeden Haartyp und leicht nachzumachende Tipps, wie du deine Frisur mit Tüchern, hübschem Haarschmuck und anderen Accessoires zum Hingucker machst. Wie wäre es, wenn du die neuen Frisuren zusammen mit deinen Freundinnen ausprobierst? Achte nur darauf, dass du genug Material zur Hand hast: Spangen, Clips, Bänder – und natürlich jede Menge Fantasie!

Peppige Schwänze

Zwei Schwänze hinter den Ohren sind ganz einfach, müssen aber nicht langweilig sein. Mit unseren Ideen kannst du sie richtig aufpeppen. Gefällt dir der Hippie-Stil? Dann binde dir ein Tuch ums Haar. Für den echten Girlie-Look trägst du die Schwänze möglichst weit oben am Kopf. Mit persönlichen Accessoires machst du die Frisur zu deiner eigenen.

So wird's gemacht

Du brauchst: Kamm • 2 Haargummis • Tuch

1. Kämme das feuchte Haar mit einem breitzinkigen Kamm gut durch. Ziehe dann mit dem Kamm einen Mittelscheitel.

2. Kämme auf jeder Seite einen niedrigen Schwanz, den du hinterm Ohr mit einem Gummi sicherst.

3. Lege ein Tuch um den Kopf und verknote es unter den Schwänzen. Ob es farblich zu den Gummis passt, bleibt dir überlassen.

Peppige Schwänze

So wird's noch schöner!

Mit dieser hübschen Kappe anstelle des Tuches sieht die Frisur echt sportlich aus.

Stylingtipp
Ein Pony kann bei dieser Frisur unsichtbar werden, wenn du ihn unter dem Kopftuch versteckst. Es sieht aber auch flippig aus, wenn du ihn einfach hängen lässt.

Dieses Band ist zwar schmal, aber bunt genug, um der Frisur Farbe zu verleihen.

Ein Ring aus Blüten als Haargummi wird viel Aufmerksamkeit auf sich ziehen.

Dieses Haargummi ziert eine pinkfarbene Plastikschleife.

Probiere das mal!

Hoch hinaus!

Wenn dir der Girlie-Look besser gefällt, lass das Tuch weg und platziere die Schwänze möglichst hoch am Kopf. Pinkfarbene Accessoires machen diese Frisur noch mädchenhafter. Übrigens sieht dieses Styling auch bei lockigem Haar einfach super aus.

Coole Kordeln

Diese flippige und praktische Frisur hält dein Haar aus dem Gesicht und ist genau richtig für einen Tag mit deinen Freundinnen. Du kannst so viele Kordeln drehen, wie du möchtest. Falls du wenig Zeit hast, mach ein paar weniger. Bei dieser Frisur macht auch das Aussuchen der Accessoires eine Menge Spaß.

So wird's gemacht

Du brauchst: Kamm • Gel • Haarspray • 3 mittlere Klammern • mindestens 6 kleine Klammern

1 Kämme das feuchte Haar mit einem breitzinkigen Kamm gut durch. Dann kämmst du es von der Stirn aus streng nach hinten – so lässt es sich leichter teilen.

2 Teile nun das Haar mit dem Kamm in drei Partien, nämlich linke Seite, oben und rechte Seite. Sichere jede Partie mit einer mittleren Klammer.

3 Entferne die Klammer von einer der Partien. Für die erste Kordel brauchst du die Hälfte davon. Beginne nun die Strähne direkt über der Stirn mit den Fingern nach hinten zu drehen. Je weiter du nach hinten kommst, desto mehr Haar nimmst du auf. Nach etwa fünf Zentimetern sicherst du die Kordel mit einer kleinen Klammer.

4 Wiederhole Schritt 3, bis du jede der drei mittleren Klammern durch jeweils zwei bis drei kleine Klammern ersetzt hast. Richte die kleinen Klammern so aus, dass sie eine Reihe bilden. Zum Schluss sprühst du noch etwas Haarspray auf und glättest abstehende Haare mit den Händen.

Coole Kordeln 47

So wird's noch schöner!

Probier's mal mit Haarklemmen anstelle der Klammern. In einer Reihe angeordnet, wirken sie wie ein Haarband.

Haarklammern gibt es in allen erdenklichen Farben und Mustern.

Mit bunten Haargummis kannst du das restliche Haar zu einem Pferdeschwanz binden. Wenn sie farblich zu den Klammern passen, sieht das wirklich extrem cool aus.

Stylingtipp
Wenn dein Haar nicht glatt anliegen will, verteile einen Klecks Gel im feuchten Haar, ehe du mit dem Frisieren beginnst.

Filmstar**welle**

Dieses Styling verleiht der Außenwelle neuen Glanz. Die glatten Seitenpartien kann man mit hübschem Haarschmuck dekorieren. Man braucht zwar einige Stylingprodukte, damit diese Frisur hält, aber auch wenn die „Welle" nachlässt, wird dein Haar noch gepflegt aussehen.

So wird's gemacht

Du brauchst: Haargel • Glätteisen • Fön • Rundbürste • breitzinkigen Kamm • 6 große Haarklammern

1 Beginne mit feuchtem Haar. Verteile einen Klecks Gel vom Haaransatz bis zu den Spitzen. Kämme das Haar durch und ziehe mit dem Kamm einen Seitenscheitel vom Hinterkopf nach vorne. Teile das Haar in sechs Partien (drei am Oberkopf und drei unten), drehe die Partien und klemme sie mit einer Haarklammer am Kopf fest.

2 Föne nun jede Partie trocken. Benutze dazu eine Rundbürste, die du unter das Haar legst und vom Ansatz bis zur Spitze durch die Haare ziehst, während du gleichzeitig fönst. Halte das Haar dabei immer schön straff. Wiederhole diesen Vorgang, bis alle Partien glatt sind.

3 Besprühe die Haarenden mit Haarspray. Sobald das Glätteisen heiß ist, klemme eine Strähne oberhalb der Haarspitzen ein, drehe das Glätteisen nach oben (vom Haar weg) und ziehe es zum Haarende nach oben weg. Drehe so viele Strähnen ein, wie du willst.

＃ Filmstarwelle 49

So wird's noch schöner!

Schmucksteine sehen toll aus, wenn du sie direkt neben dem Scheitel anbringst.

Mit diesen Sternen-clips verleihst du den Seitenpartien noch mehr Glanz.

Halte dein Haar mit diesen Sternenklemmen aus dem Gesicht.

Mit diesen Muschel-klemmen wirst du zu einer echten Strandschönheit.

Stylingtipp

Auch Natur-locken können richtig glatt werden, allerdings dauert das länger. Je lockiger dein Haar, desto öfter musst du Schritt 2 wiederholen.

So hübsch!

Kürzerem Haar verleiht diese Welle einen modernen Retro-Look (aus der Zeit um 1950). Probier's mal mit etwas Glanzspray, damit das Haar richtig schön schimmert.

Zopfschnecken

Die Zopfschnecken sind eigentlich eine Kombination aus mehreren Frisuren. Wir haben hier Schwänze, Zöpfe und einen Dutt. Alles zusammen sieht richtig cool aus – vor allem, wenn man dickes und langes Haar hat. Diese Frisur ist auch gut geeignet, um seiner Fantasie freien Lauf zu lassen. Verschönere den Look noch mit hübschen Blumen und du wirst selbst richtig aufblühen!

Zopfschnecken | 51

Doppelt gemoppelt!

Flechte doch anstelle von einem mal mehrere Zöpfchen für jede Schnecke. Wickle sie um das Haargummi und lass die Zopfenden herausschauen. Das sieht richtig witzig aus.

Probiere das mal!

So wird's noch schöner!

Diese Orchideen-Nadel wird jeden Knoten an seinem Platz halten.

Kleine Strasssteinchen veredeln diese Haarklemme.

Abstehende Strähnen kannst du mit dieser Libellen-Klemme bändigen.

So wird's gemacht

Du brauchst: Paddelbürste • Kamm • Haargummi • Klemme • Wachs

1 Bürste das trockene Haar gut durch. Ziehe mit einem Kamm einen Mittelscheitel von der Stirn bis zum Nacken. Sichere jede Haarpartie in einem niedrigen Schwanz direkt hinter den Ohren.

2 Teile jeden Schwanz in drei Partien und flechte daraus einen Zopf (die Anleitung dazu findest du auf Seite 35).

3 Wickle den Zopf rund um das Haargummi, das den Schwanz hält, sodass ein Knoten entsteht. Stecke die Zopfenden darunter fest. Sichere den Knoten mit Klemmen, die du durch den Zopf in Richtung Kopfhaut schiebst.

Stylingtipp
Wenn du die Zopfenden heraussstehen lässt, mach sie mit Haarwachs stachelig.

Haare gut gebändigt

Egal ob deine Haare lang oder kurz sind: Ein buntes Stück Stoff sieht darin immer gut aus (und hilft auch, einen Pony aus dem Gesicht zu halten). Für die Frisur, die wir dir hier zeigen, musst du dein Haar nur glatt fönen, damit man das Band gut sieht. Du brauchst dich bei der Wahl der Farbe nicht zurückzuhalten: Sei frech, farbenfroh und fantasievoll.

So wird's gemacht

Du brauchst: glättendes Gel • Glanzspray • breitzinkigen Kamm • 6 große Haarklammern • Fön • Rundbürste • Haarband

1 Verteile das glättende Gel mit den Händen vom Ansatz bis zu den Spitzen im feuchten Haar. Kämme dann das Haar gut durch und teile es mit dem Kamm in sechs Partien (drei am Oberkopf und drei darunter). Jede dieser Partien drehst du etwas ein und klemmst sie mit einer großen Haarklammer am Kopf fest.

2 Föne nun jede einzelne Partie schön glatt. Nimm dazu eine Rundbürste, die du unter das Haar legst und bis zu den Spitzen ziehst, während du von oben auf das Haar fönst. Halte das Haar dabei schön straff. Wiederhole diese Schritte, bis alle Partien glatt gefönt sind.

3 Gib etwas Glanzspray auf dein Haar und bürste es durch. Lege nun das Haarband um den Kopf und verknote es im Nacken. Verschiebe es, bis es richtig sitzt.

Haare gut gebändigt 53

So wird's noch schöner!

Dieser biegsame Haarreif besitzt kleine Zähnchen, mit denen er dein Haar hält.

Bunte Haarbändchen aus Gummi sehen toll aus, wenn du mehrere davon gleichzeitig trägst.

Stylingtipp
Haarbänder sehen auch in lockigem Haar super aus. Benutze aber auf jeden Fall Glanzspray oder Gel, damit keine krausen Strähnen hervorstehen.

Noch mehr Haarband-Ideen

Es muss nicht immer ein Haarband sein. Probiere diese Frisur ruhig auch mit Halstüchern, Geschenkbändern oder einem Stück Stoff. Lege dir doch mal ein langes Tuch als Haarband um den Kopf und binde dir damit einen Pferdeschwanz. Nun hast du ein Accessoire mit doppeltem Nutzen!

Ein Tuch im Retro-Look sieht besonders cool aus.

Schwimmfrisur

Für das Schwimmbad brauchst du eine wasserfeste Frisur, ehe du ins kühle Nass springst. Diese übersteht nicht nur die wildeste Plantscherei, dein Haar wird auch durch ein Pflegebalsam vor dem Austrocknen geschützt.

So wird's gemacht

Du brauchst: Leave-in-Conditioner • grobzinkigen Kamm • 4 Haargummis

1 Verteile Leave-in-Conditioner im ganzen Haar. Kämme es dann mit einem grobzinkigen Kamm gut durch. Ziehe nun einen Mittelscheitel von der Stirn bis zum Nacken, der das Haar in zwei Partien teilt.

2 Kämme die rechte Seite schön glatt. Nimm sie mit einem Gummi zu einem Schwanz hoch oben am Kopf zusammen.

3 Drehe den Schwanz, bis er sich von selbst einrollt. Lege eine lockere Schlinge und ziehe das Ende des Schwanzes hindurch. Sichere den Knoten mit einem Gummi. Wiederhole alles auf der linken Seite.

4 Zum Schluss zupfst du noch die Haarspitzen auseinander, damit sie schön abstehen.

Schwimmfrisur 55

So wird's noch schöner!

Diese Plastikblume am Haargummi ist absolut wasserfest.

Farbenfroh wird's mit mehreren bunten Haargummis übereinander.

Diese funkelnden Haarclips stehen jeder Wassernixe gut!

Ein Haargummi aus Frottee ist ideal für den Pool.

Flechtversion

Diese Variante ist besonders für längeres Haar geeignet: Flechte die Schwänze zu Zöpfen, bevor du sie zu Knoten drehst, und du hast eine coole Frisur, die den ganzen Tag hält.

Stylingtipp
Spüle dein Haar nach dem Schwimmen mit klarem Wasser aus, um das Chlor zu entfernen.

Hübsche Zöpfchen

Du weißt ja nun schon, wie toll Zöpfe aussehen können. Wie wäre es nun, wenn du sie mit etwas Farbe aufpeppst? Schon das Auswählen der passenden Bänder für diese Frisur macht richtig Spaß. Je nachdem, welche Farben und Stoffe du aussuchst, wird dieses Styling immer anders aussehen. Wenn es besonders festlich sein soll, kannst du auch unterschiedlich bunte Bänder nehmen.

Stylingtipp

Bei kurzem Haar solltest du die Zöpfchen nur so weit flechten, bis die ersten Strähnchen beginnen abzustehen. Auch mit „halben Zöpfchen" sieht diese Frisur toll aus!

Hübsche Zöpfchen 57

So wird's gemacht

Du brauchst: Bürste • Haargummis • Bänder

1 Bürste das trockene Haar gut durch. Teile an der Stirn eine 2 cm dicke Haarsträhne ab und sichere sie kurz unter dem Haaransatz mit einem kleinen Gummi. Nimm nun ein dünnes Band, das doppelt so lang wie dein Haar sein muss. Das bindest du so um das Gummi, dass zwei gleich lange Seiten herabhängen.

2 Zum Flechten nimmst du nun die beiden herabhängenden Bandhälften und die Haarsträhne. Am Anfang legst du die eine Bandhälfte über die Haarsträhne in die Mitte, dann die andere Bandhälfte in die Mitte und schließlich legst du die Haarsträhne in die Mitte. So machst du weiter, bis du am Ende der Haarsträhne angekommen bist.

3 Sichere das Ende des Zöpfchens (aus Haar und Bändern) mit einem kleinen Haargummi. Wickle dann das Band um das Gummi, damit man es nicht mehr sieht und binde zum Schluss eine kleine Schleife. Du kannst dir so viele Zöpfchen flechten wie du willst.

So wird's noch schöner!

Hübsche Clips wie diese kannst du auch oben am Haaransatz befestigen.

Kleine Klammern können die Gummis am Ende der Zöpfchen ersetzen.

Probier's mal mit solchen funkelnden Libellenclips.

Suche dir ein buntes Band aus, das genau zur Farbe deiner Kleidung passt.

Halb lockig, halb glatt

Du kannst dich nicht entscheiden, ob du dein Haar lockig oder glatt tragen sollst? Wie wäre es mit halb und halb? Das Beste an dieser Frisur ist, dass sie mit lockigem und glattem Haar – und allem, was dazwischen liegt – gut aussieht. Und je nachdem, welche Accessoires du dafür auswählst, passt dieser halbe Pferdeschwanz zu allen Anlässen – von lässig bis festlich.

So wird's gemacht

Du brauchst: Bürste • Gel • Lockenstab • Haarspray • Haarklammern

1 Verteile etwas Gel im feuchten Haar und föne es dann mit nach vorne geneigtem Kopf trocken. Wirf dann dein Haar zurück und bürste es leicht durch. Ziehe mit dem Kamm einen Mittelscheitel.

2 Wickle mit dem Lockenstab eine dünne Haarsträhne bis zur Höhe des Ohres auf (die oberen Haare bleiben glatt). Wickle die Strähne nach etwa fünf Sekunden wieder ab und wiederhole alles mit dem restlichen Haar.

3 Sprühe etwas Haarspray auf und klammere die vorderen Seitenpartien hinter den Ohren fest. Befestige die Klammern direkt dort, wo die Locken beginnen, sodass das Haar darüber schön glatt bleibt.

Halb lockig, halb glatt **59**

Stylingtipp

Wenn du sehr lockiges Haar
hast, kannst du den Lockenstab
weglassen. Verteile stattdessen
Gel im feuchten Haar, und zwar vom Ansatz bis
etwa zu den Ohren und kämme diesen Teil schön
glatt. Stecke das Haar mit Kämmchen hinter den
Ohren fest, so bleibt es noch länger glatt.

So wird's noch schöner!

Dieser Clip wird
nur ins Haar geschoben
und hält es perfekt hinter den
Ohren fest.

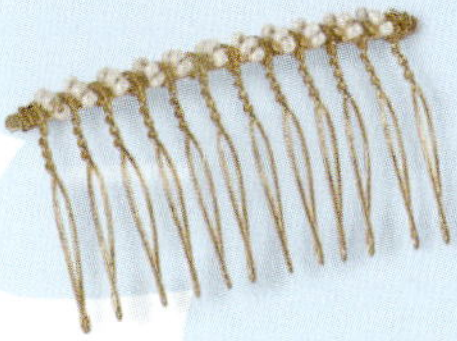

**Auch mit Kämm-
chen** kannst du
deine Haare prima
feststecken.

**Mehrere kleine
Clips** wie dieser funk-
tionieren genauso gut
wie ein einziger großer.

Fest-geklammert!

Noch glamouröser und romanti-
scher wird diese Frisur, wenn du
die vordere Haarpartie locker zu-
rücknimmst und am Hinterkopf mit
einer hübschen Haarspange festklam-
merst. Pass auf, dass die Spange nicht
zu straff, sondern schön locker sitzt.

Total abgedreht

Zuerst haben wir dir gezeigt, wie du das Haar rund um dein Gesicht zu Kordeln drehen kannst. Jetzt stelle dir das Ganze noch mit zwei aufgerollten Schwänzen vor! Ja, richtig, dein Haar ist dann komplett eingedreht. Je nachdem, welche Accessoires du dazu benutzt, kann diese Frisur brav oder total ausgeflippt aussehen. Wir lieben diese Kordelfrisur, weil sie zwar kompliziert aussieht, aber wenn du sie beherrschst, bekommst du sie in ein paar Minuten hin.

So wird's gemacht

Du brauchst: Kamm • mittlere Haarklammern • Miniklammern • Haarklemmen • Haarspray

1 Kämme dein Haar mit einem grobzinkigen Kamm nach hinten. Dann teilst du es mit dem Kamm in drei Partien (links, Mitte und rechts) und sicherst diese mit je einer mittelgroßen Haarklammer. Entferne nun die Haarklammer von einer der Partien und nimm etwa die Hälfte der Haare direkt über der Stirn zwischen die Finger. Drehe diese Strähne nach hinten ein, wobei du immer etwas von dem Haar, das dahinter liegt, dazunimmst. Sichere die fertig eingedrehte Strähne mit einer Miniklammer.

2 Drehe alle anderen Haarpartien genauso ein, bis du alle mittelgroßen Haarklammern durch Miniklammern ersetzt hast. Als Nächstes teilst du die lose herabfallenden Haarenden in zwei niedrige Schwänze, die du mit Haargummis umwickelst.

3 Drehe nun einen der Schwänze so ein, dass er sich von selbst ringelt. Wickle ihn um das Haargummi und befestige alles mit Haarklemmen. Mach es auf der anderen Seite genauso und sprühe etwas Haarspray über die Frisur. Glätte abstehende Haare mit den Händen.

Total abgedreht | **61**

So wird's noch schöner!

Mit solchen Spiralen zum Eindrehen kannst du die beiden Haarknoten im Nacken verschönern.

KleineSchildpattklammern wie diese halten die Haarkordeln an ihrem Platz und sehen in allen Farben gut aus.

Haarnadeln mit Schmucksteinen verleihen deiner Frisur Glanz.

Stylingtipp
Wenn du einen Pony hast, kannst du ihn mit dem anderen Haar eindrehen oder du lässt ihn einfach herunterhängen.

Flechtwerk

Diese über den Kopf geflochtenen Zöpfe sind total modern – und superhübsch! Die Frisur geht so einfach (wenn du das Flechten beherrschst), dass du sie vielleicht auch unter der Woche tragen willst. Mit dem richtigen Zubehör passt sie außerdem zu jedem Anlass.

Stylingtipp
Bei sehr langem Haar kannst du die Zöpfe vielleicht mehrmals um den Kopf wickeln. Stecke die Enden einfach dort fest, wo sie landen.

Flechtwerk 63

So wird's gemacht
Du brauchst: Bürste • Kamm • Haargummis • Haarklemmen

1 Bürste das trockene Haar gut durch. Teile es dann mit einem Kamm in zwei gleich große Partien (links und rechts).

2 Nimm die rechte Partie und flechte einen Zopf daraus (die Anleitung dafür findest du auf Seite 35). Flechte nicht zu eng und beginne damit erst in etwa 3 cm Entfernung von der Kopfhaut. Sichere das Ende mit einem Haargummi. Mit der linken Seite machst du es genauso.

3 Nun legst du beide Zöpfe nach oben um deinen Kopf und steckst sie mit Haarklemmen fest. Zum Schluss versteckst du die Enden unter den Zöpfen, damit es aussieht, als läge ein einziger Zopf rund um deinen Kopf.

So wird's noch schöner!

Befestige die Zöpfe mit verzierten Haarklemmen wie dieser.

Diese Blumennadel sieht toll aus, wenn du sie direkt über dem Ohr in den Zopf schiebst.

Mit solchen Schmetterlingsklemmen wirkt die Frisur sehr verspielt.

Funkelnde Spiralen machen die Zöpfe zur Partyfrisur.

Glamourfrisur

Wenn du weißt, wie du Locken ins Haar drehst, kannst du viele neue Frisuren kreieren – wie diese Glamourfrisur, die einfach immer gut aussieht. Du kannst sie schnell in eine Hochsteckfrisur für eine Party verwandeln oder die Locken zum Einkaufsbummel einfach herunterhängen lassen.

Glamourfrisur

So wird's gemacht

Du brauchst: Spraygel • Kamm • (beheizbare) Lockenwickler • Haarspray

1 Besprühe das feuchte Haar vom Ansatz bis zu den Spitzen mit etwas Spraygel. Kämme es dann mit einem grobzinkigen Kamm gut durch. Ziehe nun mit dem Kamm einen Mittelscheitel. Als Nächstes nimmst du eine etwa 5 cm dicke Strähne rechts vom Scheitel und kämmst sie noch einmal durch.

2 Lege einen heißen Lockenwickler unter die Spitze der Haarsträhne und rolle das Haar in Richtung Kopfhaut auf. Wenn du oben angekommen bist, sichere den Wickler mit einer Nadel (es sei denn, du hast selbsthaftende Wickler). Wiederhole alles, bis dein gesamtes Haar aufgedreht ist.

3 Lass die Wickler mindestens 10 Minuten (oder bis sie abgekühlt sind) drin. Bei nicht beheizbaren Lockenwicklern erzeugst du die nötige Wärme mit dem Fön. Entferne nun alle Wickler und fahre mit den Fingern durchs Haar, damit aus den Locken schöne Wellen werden. Für extra Halt gibst du zum Schluss noch etwas Haarspray über die Frisur.

Stylingtipp

Bei dünnem und ganz glattem Haar solltest du jede Haarsträhne vor dem Aufdrehen noch einmal mit Haarspray besprühen, damit die Locken auch wirklich halten.

So wird's noch schöner!

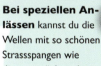

Ein modisches Haarband in Pink und Silber ist die Krönung dieser Frisur.

Bei speziellen Anlässen kannst du die Wellen mit so schönen Strassspangen wie dieser zurückstecken.

Solche Blumenklemmen halten dein Haar aus dem Gesicht und sehen toll aus.

Ein Clip in einer dunkleren Farbe sieht in braunem oder schwarzem Haar einfach umwerfend aus.

Löwenmähne

Willst du einmal so richtig auffallen? Mit diesem Look gelingt dir das garantiert. Die Frisur sieht nicht nur cool aus, es macht auch Spaß, sie zusammen mit Freundinnen auszuprobieren. Warum lädst du nicht ein paar Mädels ein und holst dann das Kreppeisen heraus? Danach seht ihr bestimmt „wild" genug aus für eine Party oder für einen Kinobesuch.

So wird's gemacht

Du brauchst: Leave-in-Conditioner
• Paddelbürste • Fön • Kreppeisen • Haarspray

1. Verteile Leave-in-Conditioner im feuchten Haar. Er schützt das Haar vor der Hitze des Kreppeisens. Nun beugst du den Kopf nach vorne und fönst das Haar trocken. Anschließend bürstest du es gut durch. Schalte nun das Kreppeisen ein und warte, bis es sich erwärmt hat.

2. Nimm nun eine dünne Haarsträhne und klemme sie nahe am Ansatz in das Kreppeisen. Halte sie 3–5 Sekunden darin fest und lass sie dann wieder los. Wiederhole diesen Schritt weiter unten an der Strähne, bis sie komplett gewellt ist. Achte darauf, dass du das Kreppeisen immer gleich lang im Haar lässt.

3. Wenn du das ganze Haar gewellt hast, bürste es leicht durch, damit sich der volle Effekt entfaltet. Besprühe die Frisur zum Schluss mit etwas Haarspray, damit sie möglichst lange hält.

Löwenmähne 67

So wird's noch schöner!

Diese Klemmen sind kleine Farbtupfer und halten das Haar aus dem Gesicht.

Mehrere solche Clips in einer Reihe machen die Frisur richtig seriös.

Dieses dünne Haarband hält widerspenstiges Haar an Ort und Stelle.

Stylingtipp
Wenn du einen Pony hast, kannst du ihn zur Seite kämmen oder du lässt ihn so wie er ist. Ein gewellter Pony sieht nämlich total komisch aus.

Diese silbernen Klammern sind mit funkelndem Strass besetzt.

Festgeklammert!

Gewelltes Haar kann ganz schön voluminös werden. Wenn es dir zu sehr ins Gesicht fällt, solltest du die vorderen Partien festklammern. Ziehe dazu einen Mittelscheitel. Nimm eine dünne Haarsträhne direkt unterhalb des Scheitels und drehe sie dreimal, ehe du sie über dem Ohr befestigst. Genau dasselbe machst du dann auch auf der anderen Seite.

Wie trägst du dein Haar bei besonderen Anlässen?

Hast du eine Frisur für Hochzeiten oder Geburtstagsfeiern? Was machst du mit deinem Haar, wenn du zum Essen eingeladen bist? Welche Accessoires sehen auf einer Party am besten aus? Brauchst du ein paar Ideen? Dieses Kapitel zeigt dir perfekte Partyfrisuren mit herrlich herabfallenden Locken, funkelndem Zubehör und sogar mit Essstäbchen (glaub uns, die sehen echt toll aus!). Manche dieser Frisuren sind komplizierter als andere, aber auch Girls, die noch nicht so viel Übung haben, finden hier sicher einen Look, der total leicht nachzumachen ist – und super aussieht. Also, worauf wartest du noch? Die Party fängt gleich an!

Edler Pferdeschwanz

Wurdest du in letzter Sekunde zu einer Party eingeladen? Diesen Look schaffst du im Handumdrehen. Während manch andere elegante Frisur ziemlich zeitaufwändig ist, brauchst du für diesen Pferdeschwanz wirklich nur ein paar Minuten. Du kannst ihn schick und einfach halten oder aber mit deinen Lieblingsaccessoires aufpeppen. Dazu eignen sich zum Beispiel funkelnde Klemmen, die du ins Haar schiebst, oder auch ein paar coole Ohrhänger.

So wird's gemacht

Du brauchst: Paddelbürste • Haargummi • Haarklemme

1 Bürste das Haar gut durch und fasse es im Nacken zu einem Pferdeschwanz zusammen. Nachdem du ihn mit einem Gummi gesichert hast, ziehst du von der Unterseite eine kleine Strähne heraus.

2 Wickle die Strähne so lange um das Gummi, bis nur noch 2 cm davon übrig sind. Sichere das Ende der Strähne unter dem Pferdeschwanz mit einer Klemme.

Edler Pferdeschwanz

Warum nicht mal doppelt?

Wenn ein umwickelter Pferdeschwanz schon so toll aussieht, müssen gleich zwei davon doch einfach umwerfend hübsch sein! Teile dazu dein Haar in zwei Schwänze, die du hinter den Ohren platzierst. Richtig cool und trendy wird diese Frisur, wenn du eine dickere Haarsträhne zum Umwickeln nimmst.

Probiere das mal!

Stylingtipp

Mädels mit feinem Haar sollten nur eine ganz dünne Haarsträhne zum Umwickeln nehmen. Ihr könnt euer Haar auch zusätzlich mit Volumenspray aufplustern, bevor ihr es zum Pferdeschwanz bindet.

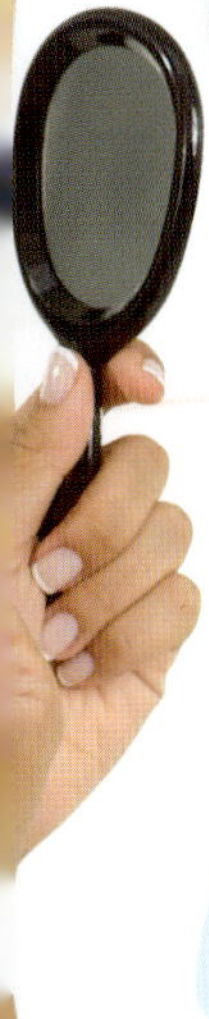

So wird's noch schöner!

Diese Klemme mit Sterndekor hält einen herauswachsenden Pony perfekt im Zaum.

Diese runde Spange ist ein glamouröser Ersatz für die herumgewickelte Haarsträhne.

Ein hübsches Kämmchen macht auch die Seitenpartien deiner Frisur zum Hingucker.

Diese Strassspiralen kommen besonders in dunklem Haar gut zur Geltung.

Der Flip

Gibt's so was? Ein toller Partylook, für den man nur eine Bürste und ein Haargummi braucht? Diese Frisur ist so einfach, dass du dich wahrscheinlich fragst, warum sie dir nicht schon längst selbst eingefallen ist. Glaube aber nicht, dass sie deswegen langweilig ist! Mit wenigen Accessoires kann sie flippig, romantisch oder umwerfend glamourös aussehen.

So wird's gemacht

Du brauchst: Haarbürste • Haargummi

1 Kämme dein Haar zurück und binde es im Nacken mit einem Haargummi zu einem Pferdeschwanz. Platziere das Gummi nicht zu nah an der Kopfhaut, der Schwanz sollte etwas locker sitzen.

2 Teile nun das Haar direkt über dem Gummi mit den Fingern, sodass ein Loch entsteht (deshalb sollte der Pferdeschwanz locker sitzen).

3 Halte nun das Loch mit einer Hand offen, während du mit der anderen hindurchgreifst und den Pferdeschwanz von unten durchziehst. Glätte zum Schluss noch alles mit den Fingern und fertig!

Der Flip | 73

Romantischer Flip

Dieser Look eignet sich vor allem für lockiges oder dickes Haar. Der Pferdeschwanz sollte sehr niedrig und locker sein. Besonders hübsch sieht es aus, wenn du ein paar Strähnen herauszupfst, die dein Gesicht umrahmen.

Diese Lederspange ist ideal für einen niedrigen Pferdeschwanz. Als Verschluss dient der Holzstab, den man durch das Leder schiebt.

Probiere das mal!

So wird's noch schöner!

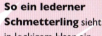

Ein Haargummi mit Strasssteinchen macht den Flip zur Partyfrisur.

So ein lederner Schmetterling sieht in lockigem Haar einfach umwerfend aus.

Bunte Klemmen halten störrische Strähnen zurück und verschönern die Frisur.

Mit Haarnadeln wie dieser kannst du den gedrehten Pferdeschwanz noch extra betonen.

Stylingtipp

Glattes Haar kannst du aufpeppen, indem du die Enden des Pferdeschwanzes mit einem Lockenstab aufdrehst.

Retro-Look

Wie gefällt dir diese Frisur? Wir lieben sie, weil sie an die Fünfzigerjahre erinnert und trotzdem modern ist. Damals war das Toupieren groß in Mode. Dieser Retro-Look ist nicht nur super für den großen Auftritt geeignet, er schmeichelt auch fast jedem Gesicht, weil er dem Oberkopf Volumen verleiht. Also dann – greife dir einen Kamm und los geht's!

So wird's

Eine glitzernde Haarklemme hält dickes Haar an seinem Platz.

So wird's gemacht

Du brauchst: Fön • Haargummi • Kamm mit feinen Zinken oder Toupierkamm • Haarklemmen • Haarspray

1 Föne dein feuchtes Haar mit vornübergebeugtem Kopf trocken. Benutze zum Durchkämmen keine Bürste, sondern deine Hände. Wenn das Haar trocken ist, wirf den Kopf zurück und glätte es auch jetzt nur mit den Fingern.

2 Fasse das Haar an den Seiten und am Hinterkopf in einem lockeren Schwanz zusammen. Das Haar am Oberkopf lässt du einfach nach vorne herunterhängen.

3 Nimm nun das Haar über der Stirn und halte es nach oben. Mit der anderen Hand ziehst du den Kamm von oben durch das Haar in Richtung Kopfhaut (das nennt man toupieren). Wiederhole dies ein paar Mal, bis das Haar von selbst stehen bleibt.

4 Fasse nun die toupierte Haarpartie nach hinten zusammen. Drehe das Haar um den Finger, sodass ein lockerer Knoten entsteht. Diesen steckst du nun mit Klemmen fest.

5 Mit den Fingern hebst du das Haar über der Stirn vorsichtig etwas an. Wenn es so hoch ist, wie du es wolltest, gehst du ganz leicht mit dem Kamm darüber, damit die Frisur nicht struppig wirkt. Dann glättest du auch den Rest des Haares mit dem Kamm und sprühst noch etwas Haarspray darüber.

Retro-Look 75

noch schöner!

Mit diesem glamourösen Haargummi sicherst du auch dünneres Haar optimal.

Setze so eine Spange direkt hinter die Haartolle am Oberkopf, damit nichts verrutscht.

Einfach hängen lassen!

Diese Haartolle im Retro-Look sieht auch gut aus, wenn du das restliche Haar nicht zu einem Pferdeschwanz bindest, sondern offen lässt.

Ein Haargummi mit Schmetterling passt perfekt zu dieser Frisur.

Stylingtipp

Girls mit Naturlocken brauchen ihr Haar nicht zu toupieren. Ihre Locken liefern genug Volumen für diese Frisur. Die Glücklichen!

Haarschleier

Wenn du dein Haar gern offen trägst, aber mal etwas Besonderes ausprobieren möchtest, ist diese Frisur genau richtig für dich. Sie sieht von vorne ordentlich und von hinten auffallend hübsch aus. Du kannst deinen „Haarschleier" auch ruhig mit noch viel mehr Strasssteinchen als auf dem Foto verzieren.

Haarschleier 77

So wird's gemacht

Du brauchst: Haarbürste • grobzinkigen Kamm • 6 kleine Haargummis

1 Bürste das Haar nach hinten, bis es ganz glatt ist. Nimm nun die oberste Haarpartie mit einem Gummi zusammen. Dasselbe machst du mit den Seitenpartien links und rechts über den Ohren. Zum Schluss solltest du drei separate Schwänze haben, die mit drei Gummis hinten am Oberkopf gesichert sind.

Stylingtipp
Wenn du sehr feines Haar hast, nimm am besten Miniklammern.

2 Teile den mittleren Schwanz in zwei Partien auf. Die rechte Partie fasst du nun mit dem rechten Schwanz durch ein kleines Haargummi zusammen. Das Gummi sollte dabei etwa 5 cm unterhalb der ersten Reihe aus Haargummis sitzen.

3 Verbinde so auch die linke Partie mit dem linken Schwanz. Jetzt hast du noch zwei Schwänze, die mit Gummis gesichert sind. Diese fasst du nun mit einem Gummi zu einem Schwanz zusammen.

So wird's noch schöner!

Suche dir ein paar Mini-Haarklammern in der Farbe deiner Kleidung aus.

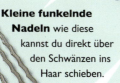

Kleine funkelnde Nadeln wie diese kannst du direkt über den Schwänzen ins Haar schieben.

Dieses Stoffgummi ist für dünnes Haar optimal, denn es hält die kleinen Schwänze sicher an ihrem Platz.

Haarspiralen lassen sich überall in der Frisur verteilen und sehen einfach super aus.

Solche Strassklammern auf jedem Haargummi verleihen der Frisur extra Glanz.

Dieser Haarschmuck macht die Frisur richtig romantisch.

Französischer Zopf

Nicht jeder kann französische Zöpfe flechten. Aber keine Sorge, falls du dazu gehörst: Wir geben dir hier eine Schritt-für-Schritt-Anleitung, denn dieser Look kommt nie aus der Mode. Das Schöne an französischen Zöpfen ist, dass sie ewig halten. Absolut perfekt also für eine Hochzeit oder eine andere offizielle Feier, bei der es hoch hergeht.

Stylingtipp
Wenn du den Pony offen hängen lassen willst, beginnst du mit dem Flechten ein Stück weiter hinten.

So wird's gemacht

Du brauchst: Haarbürste • grobzinkigen Kamm • 2 Haargummis

1 Beginne mit trockenem Haar, das du gut durchbürstest. Ziehe dann einen Mittelscheitel von der Stirn bis zum Nacken. Sichere eine Seite mit einem Gummi, damit sie dir nicht im Weg ist.

2 Nimm nun das Haar der anderen Seite, das direkt über der Stirn wächst, und teile es in drei Partien. Überkreuze diese Partien, als wolltest du einen normalen Zopf flechten (die Anleitung dazu findest du auf Seite 35).

3 Bevor du nun die rechte Partie erneut zur Mitte führst, nimmst du etwas loses Haar von darunter auf. Es gehört von nun an ebenfalls zur rechten Partie und wird mit eingeflochten. Erst jetzt legst du die rechte Partie über die Partie in der Mitte.

4 Als Nächstes nimmst du etwas loses Haar von der linken Seite und führst es mit der linken Flechtpartie zusammen. Lege erst dann die linke Partie über die mittlere Partie.

5 Nimm beim Flechten jedes Mal eine lose Haarsträhne auf, bis das gesamte lose Haar im Zopf verschwunden ist. Nun beendest du dein Werk, indem du das restliche Haar einfach weiter flichst und mit einem Gummi sicherst. Mach dann genau dasselbe auch mit der anderen Seite.

Französischer Zopf 79

So wird's noch schöner!

Dieser bunte Zopfhalter sieht richtig witzig aus.

Warum sich mit einem einfachen Haargummi begnügen, wenn man auch einen mit Strasssteinchen nehmen kann?

Mit solchen Miniklammern kannst du abstehende Haare bändigen, die nicht im Zopf bleiben wollen.

Sehen diese bunten und auffälligen Haargummis nicht super aus?

Probiere das mal!

Wenn du die Haarenden ungeflochten hängen lässt, sieht die Frisur ziemlich lässig aus. Du hörst einfach mit Flechten auf, wenn du keine losen Haarsträhnen mehr einfügen kannst. Sichere die zwei Schwänze mit schönen Haargummis oder Zopfspangen. Oder flechte die Schwänze bis zur Hälfte und lass den Rest offen. Das wäre dann die ebenfalls sehr hübsche Halb-und-Halb-Variante.

Partyfrisuren

Geflochtener Dutt

Wenn du jemals im Ballett warst, kennst du diese Frisur bestimmt. Sie ist relativ einfach und kann äußerst schmeichelhaft aussehen. Der Trick ist, den Dutt so hoch oben am Kopf zu platzieren, dass man ihn auch von vorne sehen kann. Dieser glatten und simplen Frisur kann man nur mit Zubehör einen eigenen Stil verleihen – also halte dich damit nicht zurück. Egal ob auf Kämmchen oder an Klemmen – ein paar Schmucksteine peppen diesen Look richtig auf.

So wird's gemacht

Du brauchst: Bürste • Haargummi • Haarklemmen

1 Bürste das Haar gut durch. Nimm es dann oben am Hinterkopf mit einem Gummi zu einem Pferdeschwanz zusammen.

Geflochtener Dutt 81

Flippiger Dutt

Sieht der Schmuck hier nicht toll aus?

Probiere das mal!

Nachdem du dein Haar zum Pferdeschwanz hochgebunden hast, kannst du auch mal ganz viele Zöpfe anstelle von nur einem flechten. Du wickelst sie anschließend genauso um das Haargummi und klammerst sie fest. Du kannst das Zopfbündel auch erst einmal drehen, bevor du es um das Gummi legst. Oder du lässt einfach ein paar Zöpfchen herunterhängen – es gibt so viele Varianten und jede sieht total cool aus!

So wird's noch schöner!

Dieses Kämmchen sieht super aus, wenn du es direkt neben dem Dutt ins Haar schiebst, so dass die Zähne zu ihm hinzeigen.

Platziere diese Strassspange direkt unterhalb des Dutts.

Rund um den Dutt sehen solche Haarspiralen besonders witzig aus.

Stylingtipp

Naturlocken solltest du vorher anfeuchten, damit die Frisur auch schön glatt wird.

2 Teile den Pferdeschwanz in drei Partien zum Flechten. Du beginnst, indem du erst die rechte und dann die linke Partie über die mittlere Partie legst. Wiederhole dies, bis du den Zopf fertig geflochten hast.

3 Wickle den Zopf nun um das Gummi herum und verstecke das Ende des Zopfes mit einer Klemme. Befestige den Dutt mit weiteren Haarklemmen, die du von unten hineinschiebst, bis du ein sicheres Gefühl hast.

Partyfrisuren

Elegante Hochsteckfrisur

Mit dieser eleganten Frisur fällst du bestimmt auf! Sie ist für ganz besondere Anlässe perfekt geeignet und lässt dich aussehen wie ein Filmstar. Für noch mehr Glamour wählst du glitzernde Accessoires, für einen natürlichen Look steckst du frische Blüten ins Haar. Aber egal wie du diese Frisur schmückst, du wirst damit immer einen bleibenden Eindruck hinterlassen.

So wird's gemacht

Du brauchst: Paddelbürste • Haargummi • Haarspray • Haarklemmen • Lockenstab

1 Als Erstes steckst du den Lockenstab in die Steckdose. Bürste dann das trockene Haar nach hinten zu einem hohen Pferdeschwanz, den du mit einem Haargummi sicherst. Teile davon eine Strähne (etwa ein Sechstel des Schwanzes) ab.

2 Besprühe diese Strähne mit Haarspray und wickle sie um deinen Finger, sodass eine lockere Schlinge entsteht. Diese steckst du dann mit einer Haarklemme neben dem Pferdeschwanz fest.

Stylingtipp
Wenn sich dein Haar nach fünf Sekunden mit dem Lockenstab noch nicht so kringelt wie du es möchtest, rolle es noch einmal für weitere fünf Sekunden auf.

3 Teile eine weitere Strähne direkt neben der festgeklammerten Schlinge ab. Besprühe auch sie mit Haarspray. Dann nimmst du den Lockenstab und wickelst die Strähne auf. Halte die Strähne etwa fünf Sekunden fest, ehe du den Stab wieder herausziehst. Besprühe sie noch einmal mit Haarspray, damit die Locke gut hält.

4 Bearbeite den gesamten Pferdeschwanz, indem du immer zwischen gelockten und festgesteckten Strähnen abwechselst. Du kannst auch ein paar Strähnen rund ums Gesicht herauszupfen und mit dem Lockenstab aufdrehen. Besprühe alles noch einmal mit Haarspray.

Elegante Hochsteckfrisur 83

So wird's noch schöner!

Kleine glitzernde Spiralen zwischen den einzelnen Strähnen können ganz schön glamourös wirken.

Platziere doch eine so hübsche Strassnadel wie diese direkt neben dem Pferdeschwanz.

Ein Haargummi mit funkelndem Dekor sieht bei dieser Frisur besonders hübsch aus.

Mit einem hübschen Kämmchen unter dem Dutt siehst du aus wie eine Prinzessin.

Probiere das mal!

Zum Dutt gesteckt

Für eine superschöne Variante dieser Frisur lässt du Schritt 3 weg und wiederholst Schritt 2 so lange, bis der gesamte Pferdeschwanz aufgesteckt ist. Je dünner die aufgesteckten Strähnen sind, desto komplizierter sieht die Frisur aus. Achte darauf, dass die Accessoires auch dem Anlass entsprechen.

Einfach schön

Diese Frisur ist schick, klassisch und perfekt geeignet, wenn du eine schöne Haarspange zeigen willst. Es kommt nur darauf an, dass das Haar professionell geföhnt wird. Dazu brauchst du ein wenig Übung. In der einen Hand den Fön und in der anderen die Bürste zu halten, ist zunächst nicht einfach. Doch nach einer Weile wird dir das ganz normal vorkommen – und du wirst einfach schön aussehen!

So wird's gemacht

Du brauchst: Glättbalsam oder -creme • grobzinkigen Kamm • 6 Haarklammern • Fön • Rundbürste • Paddelbürste • Glanzspray • große Spange

1 Beginne mit feuchtem Haar. Verteile darin vom Ansatz bis zu den Spitzen einen mittelgroßen Klecks Glättcreme. Kämme das Haar gut durch und ziehe mit dem Kamm einen Seitenscheitel vom Hinterkopf bis zur Stirn. Teile das Haar in sechs Partien (drei oben und drei unten), die du einzeln hochnimmst und mit Klammern feststeckst.

2 Föne nun Partie für Partie trocken. Lege dazu eine Rundbürste unter das Haar und ziehe sie vom Ansatz zu den Spitzen hindurch, während du gleichzeitig von oben darüber fönst. Mach so weiter, bis das Haar trocken und glatt ist.

3 Besprühe das Haar mit Glanzspray und bürste es. Teile eine breite Haarsträhne über der Stirn ab und kämme sie glatt nach hinten. Befestige sie am Oberkopf mit einer schönen Spange.

Einfach schön 85

So wird's noch schöner!

Diese Schildpattspange ist perfekt, wenn du die Frisur auch in der Schule tragen willst.

Feines Haar kannst du auch mit einem Kämmchen wie diesem zurückhalten.

Mit einer Strassspange verleihst du der Frisur aufregenden Glanz.

Stylingtipp
Extrem lockiges Haar bekommst du mit einem Fön leider nicht glatt. Das schafft nur ein professioneller Friseur.

Die wellige Variante

Die Frisur sieht auch hübsch aus, wenn die Haare leicht wellig fallen. Für den Umgang mit dem Lockenstab folge der Anleitung auf Seite 82. Wenn du fertig bist, sprühst du noch etwas Haarspray über die Frisur, damit die Wellen auch gut halten.

Partyfrisuren

Stäbchenfrisur

Wenn du einmal etwas Originelles (und total Modisches) ausprobieren willst, schmücke deine Hochsteckfrisur mit chinesischen Essstäbchen. Das verleiht ihr asiatisches Flair und sieht einfach umwerfend aus! Stecke farblich passende Stäbchen in einen Dutt und du hast die perfekte Frisur für eine Geburtstagsparty oder einen Stadtbummel.

Stäbchenfrisur 87

So wird's gemacht

Du brauchst: Bürste • Haargummi • Haarklemmen • Wachs • Haar- oder Essstäbchen

1 Bürste das trockene Haar gut durch, damit es schön glatt wird.

2 Beuge den Kopf nach vorne und fasse das Haar am Oberkopf zu einem Schwanz zusammen. Sichere ihn mit einem Haargummi.

3 Drehe den Schwanz zu einer engen Schnecke, lege diese zu einem Dutt und wickle ein Haargummi herum. Sichere den Dutt mit vielen Haarklemmen, die du von unten ins Haar schiebst. Ein paar Haarenden dürfen aber ruhig herausstehen.

4 Gib etwas Wachs auf die herausstehenden Haarspitzen, damit sie schön stachelig aussehen. Zum Schluss schiebst du die zwei Essstäbchen von beiden Seiten so durch den Dutt, dass sie ein X bilden.

So wird's noch schöner!

Diese Stäbchen sind mit Gold verziert und perfekt für einen festlichen Anlass geeignet.

Solche leuchtend rosa Stäbchen passen zu jeder Haarfarbe.

Diese speziellen Haarstäbchen sind gewellt und sehen wegen ihrer dunklen Farbe vor allem in rotem oder blondem Haar toll aus.

Stylingtipp

Ist dein Haar zu kurz für einen Dutt? Dann mach dir einen Minidutt aus den Haaren am Oberkopf. Nimm dünnere Stäbchen, die den Dutt nicht verdecken.

Die „Banane"

Die „Banane" ist eine klassische Frisur – immer glamourös und wunderschön. Aber nur weil sie zeitlos ist, siehst du mit dieser Frisur nicht altmodisch aus. Unsere Variante ist modern und flippig, weil sie so schön lässig sitzt. Lass etwas Haar oben hervorstehen und ziehe an den Seiten ein paar Strähnen heraus, die dein Gesicht umrahmen. Das ist total hip!

So wird's gemacht

Du brauchst: Bürste • Haarspray • Haarklemmen • Wachs

1 Besprühe das trockene Haar leicht mit Haarspray und fasse es wie bei einem niedrigen Pferdeschwanz im Nacken zusammen.

2 Drehe nun den Schwanz einmal um sich selbst und ziehe das Haar dabei gleichzeitig nach oben (die Haarspitzen schauen dabei zur Decke). Drehe das Haar weiter ein, bis nur noch die Haarspitzen oben herausschauen.

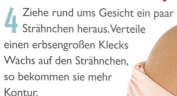

3 Schiebe genügend Haarklemmen in die so entstandene „Banane", damit die Frisur hält.

4 Ziehe rund ums Gesicht ein paar Strähnchen heraus. Verteile einen erbsengroßen Klecks Wachs auf den Strähnchen, so bekommen sie mehr Kontur.

Lang und lässig

Anstatt die Haarspitzen oben abstehen zu lassen, kannst du sie auch zu einem kleinen Dutt drehen, der dann oben auf der „Banane" sitzt. Diese Variante sieht bei lockigem Haar besonders hübsch aus.

Mit einer hübschen Klemme platzierst du die Locken dort, wo sie dir gefallen.

Stylingtipp

Bei dickem Haar sieht diese Frisur besonders toll aus. Du brauchst nur genügend Haarklemmen, damit die „Banane" hält!

So wird's noch schöner!

Schiebe eine solche **Schmetterlingsnadel** direkt über der „Banane" ins Haar.

Mit so einer Strassspange kannst du störrische Strähnen einfach wegklemmen.

Von einer riesigen Haarklammer gehalten, verändert sich diese Frisur von glamourös zu lässig.

Partyfrisuren

Seitlicher Knoten

Wann ist ein Knoten kein Dutt? Wenn er seitlich hinter dem Ohr sitzt und dort für Aufsehen sorgt! Weil man den Knoten auch von vorne sieht, ist diese Frisur sehr schmeichelhaft und wirkt nicht so streng wie der klassische Dutt im Nacken. Außerdem ist dies die einfache Variante einer Frisur, die du bereits kennst und schon immer gerne einmal etwas abändern wolltest.

So wird's gemacht

Du brauchst: Bürste • grobzinkigen Kamm • Haargummi • Haarklemmen • Glanzspray

1 Bürste das Haar durch. Ziehe mit dem Kamm einen Seitenscheitel. Binde einen niedrigen Pferdeschwanz genau auf der gegenüberliegenden Seite des Scheitels.

Seitlicher Knoten 91

Immer locker bleiben

Diese Blumennadel hält bombenfest, wenn du sie direkt in den Knoten schiebst.

Probiere das mal!

Du kannst die Frisur auch auflockern, indem du dich zuerst nach der Anleitung auf Seite 22 (Wilder Pferdeschwanz) richtest und dann den Schritten 2 und 3 auf dieser Seite folgst.

Stylingtipp

Hast du Naturlocken? Dann mach den Koten etwas lockerer – oder gib Glanzspray darüber, ehe du ihn eindrehst, das glättet das Haar etwas.

So wird's noch schöner!

Einen glänzenden Kamm kannst du direkt von oben in den Knoten schieben.

Mit so einer speziellen **Kombination** aus Haarnetz und Spange wirkt die **Frisur** besonders festlich.

Viele Strasssteinchen bringen die Frisur zum Glänzen! Bei festlichen Anlässen kannst du ruhig gleich zwei dieser Spangen ins Haar stecken.

2 Drehe den Schwanz um sich selbst, bis er sich von allein einrollt, und lege ihn zu einem lockeren Dutt. Sichere ihn mit vielen Haarklemmen, die du von allen Seiten in den Dutt schiebst (es ist gut, wenn sie sich überkreuzen, das hält den Dutt an seinem Platz).

3 Besprühe das Haar noch mit etwas Glanzspray und schmücke den Knoten mit einer funkelnden Spange.

Lockenpracht

Diese Frisur ist für eine Party geeignet und macht trotzdem nicht viel Arbeit. Mädels mit Naturlocken können damit ihre ganze Pracht zur Schau stellen. Aber auch glatte Haare sehen mit der richtigen Vorbehandlung einfach super aus. Du brauchst sie vorher nur mit Lockenwicklern und etwas Haarspray eindrehen.

So wird's gemacht

Du brauchst: Sprühgel • Kamm • Lockenwickler • Haarspray • Haargummi • Haarklemmen • Lockenstab

1 Drehe dein Haar ein, wie es auf Seite 65 bei der Glamourfrisur beschrieben wird. Ziehe dann mit dem Kamm einen Seitenscheitel.

2 Fasse das Haar am Oberkopf zusammen und drehe es zu einem lockeren Knoten. Dasselbe machst du mit der unteren Hälfte deines Haares. Nun hast du zwei Knoten übereinander sitzen.

3 Wenn du die Knoten mit Haarklemmen befestigst, achte darauf, dass sie schön locker sitzen. Drei oder vier Klemmen pro Knoten sollten daher genügen.

4 Nimm viele schöne Spangen, um die Locken dort festzuklammern, wo du sie gern haben möchtest. Ein paar lockige Strähnchen rund um dein Gesicht solltest du aber hängen lassen.

Lockenpracht

Hippie-Schick

Wenn dir der Hippie-Look gefällt, flechte dir doch zusätzlich noch ein paar Minizöpfchen ins Haar (siehe Seite 37), die du mit kleinen Gummis oder Klammern befestigst.

Leuchtende Schmetterlings-Klammern setzen Akzente.

So wird's noch schöner!

Stecke eine Blütennadel so ins Haar, dass es aussieht, als hättest du sie hinters Ohr geklemmt.

Eine Locke, die von so einer Klemme festgehalten wird, sieht besonders zauberhaft aus.

Stylingtipp

Benutze bei glatten Haaren am besten einen Lockenstab für die Strähnen rund ums Gesicht.

Glossar

Banane Eine klassische Frisur, bei der das Haar hinten zusammengenommen, nach oben eingedreht und festgesteckt wird.

Bürste (Paddel) Eine Bürste mit flachem, breitem Kopf, der nur auf einer Seite Borsten hat. Mit ihr kann man das Haar gut entwirren.

Bürste (rund) Eine Bürste, die am Kopf rundherum Borsten besitzt. Sie eignet sich am besten zum Glattfönen der Haare oder um den Haarspitzen Schwung zu verleihen.

Conditioner (Pflegespülung) Ein cremiges, Feuchtigkeit spendendes Produkt, das man nach dem Waschen im Haar verteilt, einwirken lässt und dann wieder ausspült.

Conditioner (Leave-in) Eine leichte Creme oder ein Spray, das man im feuchten Haar verteilt und nicht wieder ausspült. Schützt das Haar, wenn man beheizbare Stylingprodukte verwenden will.

Dutt Der Name einer Hochsteckfrisur in Form eines Knotens. Der Dutt sitzt immer am Hinterkopf. Die seitlichen Haarpartien werden meist streng nach hinten gekämmt.

Fön Ein Stylinggerät, das heiße Luft produziert und mit dem man sich die Haare trocknet. Benutzt man dazu eine Rundbürste, wird das Haar auch noch glatt. Bei manchen Föns gibt es eine Kaltstufe, die mit kühler Luft Locken haltbar macht.

Gel Ein klebriges Stylingprodukt, mit dem man dem Haaransatz Volumen oder komplizierten Hochsteckfrisuren Halt geben kann. Es wirkt besonders gut, wenn man es ins feuchte Haar gibt.

Glättcreme oder -balsam Eine cremige Stylinghilfe, die das Haar glättet und es vor Beschädigung durch beheizbare Stylinggeräte schützt.

Glätteisen Ein beheizbares Stylinggerät mit zwei flachen Metallplatten. Man klemmt eine Haarsträhne dazwischen und „bügelt" sie damit glatt.

Haarklemmen Dünne Metallspangen, mit denen man Strähnen wegstecken oder Hochsteckfrisuren haltbar machen kann. Es gibt sie einfach, aber auch bunt oder verziert.

Haarnadeln Stumpfe Nadeln aus Metall, die wie ein enges U geformt sind und mit denen man das Haar feststecken kann. Es gibt sie in verschiedenen Haarfarben, damit sie nicht zu sehr auffallen.

Haarspray (Sprühdose) Ein Stylingprodukt in einer Sprühdose, das sich als feiner Nebel über das Haar legt. Meistens benutzt man es, um einer Frisur zum Abschluss extra Halt zu geben.

Haarspray (Pumpspray) Auch dieses Haarspray gibt der Frisur Halt. Allerdings feuchtet es das Haar stark an, sodass man es am besten aufsprüht, bevor man ein beheizbares Stylingprodukt, wie z.B. einen Lockenstab, verwendet.

Kamm (feinzinkig) Meistens ein Plastikkamm mit kleinen, eng zusammenstehenden Zinken. Gut geeignet zum Glätten abstehender Haare oder um einen exakten Scheitel zu ziehen.

Kamm (grobzinkig) Diese Art von Kamm hat große Zinken mit weiten Abständen dazwischen. Man kann damit feuchtes Haar prima durchkämmen.

Knautschen Eine Technik, die dem Haar Volumen und Struktur verleiht. Man nimmt eine Hand voll Haar und drückt es mit den Fingern zusammen.

Lockenstab Ein rundes, beheizbares Stylinggerät, um das man eine Haarsträhne wickelt, sodass sie sich lockt. Viele Lockenstäbe haben verschiedene Aufsätze, mit denen man die unterschiedlichsten Locken zaubern kann.

Lockenwickler (beheizbare) Runde Stylinghilfen, die man auf beheizbare Metallstäbe steckt, um sie zu erwärmen. Danach wickelt man Haarsträhnen auf die Wickler und befestigt diese mit einer Haarnadel. Nach dem Abwickeln hat man lockiges Haar.

Mousse (Stylingschaum) Ein leichter, cremiger Schaum, der dem Haar Volumen verleiht. Am besten verteilt man ihn mit den Fingern oder einem grobzinkigen Kamm.

Shampoo Ein Reinigungsprodukt fürs Haar. Es sollte deinem Haartyp entsprechen, sodass du es täglich oder jeden zweiten Tag anwenden kannst, ohne deinem Haar zu schaden.

Toupieren Eine Technik, mit der man das Haar aufplustert. Man nimmt eine Haarsträhne und schiebt einen feinzinkigen Kamm mehrmals von der Spitze zum Ansatz hinauf.

Wachs Ein hartes Stylingprodukt, ähnlich wie Pomade, aber nicht so fettig. Man kann damit Haarspitzen stachelig machen oder einzelne Locken betonen.

Welleisen Ein beheizbares Stylinggerät mit zwei gezackten Metallplatten. Legt man eine Haarsträhne dazwischen, erhält diese zickzackförmige Wellen.

Register

A B C D

Außenwelle 48–49
Banane 88–89
Bänder 17, 35, 45, 56–57
Bürsten 13, 48, 52, 84
Chlor 14, 55
Clips 16, 17, 21, 27, 55, 57, 59, 65, 67
Conditioner, Leave-in- 10, 11, 15, 54
Creme, glättende 36
Diffusor-Aufsatz 12
Dutt (Knoten)
  Frisuren 50–51, 80–81, 87, 89
  mit vielen Zöpfchen 81
  Technik 40–41
Dutthalter 41, 50, 91

E F G H

Ernährung für gesundes Haar 15
Essstäbchen 17, 86–87
Flechtwerk 62–63
Fön 12, 84
Französischer Zopf 78–79
Gel 11, 28, 40, 47, 65
Gewelltes Haar 66–67
Glanzspray 10, 49, 52, 53, 84
Glätteisen 12, 15, 48
Haar
  Haartyp 8–9
  Tipps für gesundes Haar 14–15
Haarbänder 16, 52–53, 65, 67
Haare glätten 12, 15, 36, 49, 59, 85
Haare schneiden 14
Haargummis 13, 14, 17
  Arten 13, 25, 31, 33, 39, 53
  mit Bändern 23, 25, 45
  Verwendung von mehreren 30–31, 55
Haarklammern 13, 17, 23, 33
Haarnadeln 13, 29, 47, 65

Haarschmuck, Top Ten 16–17
Haarspangen 17, 59, 65, 71, 73, 85
Haarspray 11, 48, 58, 65, 85
Halstücher siehe Schals
Hochsteckfrisur 82–83
Hüte 35, 45

K L

Kämme 13, 14, 41, 81, 91
Kämmtechnik 14
Knoten 21, 28–29, 54–55
Knoten mit Zöpfen 55, 80–81
Knoten, seitlicher 90–91
Kordeln, kleine 26–27, 46–47, 60–61
Kordelzopf 38–39
krauses Haar 9, 12, 15, 53
Lockenstab 12, 15, 58, 73, 82, 85, 93
Lockenwickler 12, 64–65

M P

Mousse (Schaum) 11, 23
Pferdeschwanz
  als Schleier 76–77
  Flip 72–73
  flippiger 22–23, 91
  mit einem langen Schal 53
  mit Haar umwickelt 70–71
  niedriger 16, 21
  sportlich 32–33
Pony 26–27, 45, 52
  mit speziellen Frisuren 39, 45, 61, 67, 78

R S T

Retro-Look 49, 74–75
Scheitel, Zickzack- 20–21
Schmuck 21, 77

Schwänze
  als Schaukel 24–25
  flippige 30–31
  fürs Schwimmbad 54–55
  gedreht 50–51, 54–55, 60–61
  mit geflochtenem Haar 25, 31, 35, 55
  niedrige 34–35
  superhoch 45
  Technik 35, 37
  wie man sie verschönert 44, 45, 71
Shampoo 10, 14
Sonnenschutz 15
Stylinggeräte 12–13
Stylingprodukte 10–11, 15
toupiertes Haar 74–75
Tücher 34, 44, 45, 53

V W Z

Volumenschaum 11
Wachs 10, 11, 22, 51, 87
Welleisen 12, 66
Wellen
  mit Welleisen 66–67
  weiche 64–65, 92–93
Zöpfchen mit vielen Bändern 56–57
Zöpfchen, kleine 36–37, 56–57, 93

Dank

Dorling Kindersly dankt folgenden Personen für die freundliche Mitarbeit bei der Vorbereitung und Produktion dieses Buches:

Den Modellen Sakura Akiyama-Bowden, Brittany Barbone, Andrea Bloom, Tess Brokaw, Amy Cacciatore, Alexis Carmody, Michelle Chionchio, Mary-Kate Duffy, Kelsey Evenson, Rosie Fodera, Hannah Gross, Nierah Jinwright, Sade Johnson, Maghee Kelsall, Sade Johnson, Juliette Lam, Nikki Lam, Francesca Lobbe, Juliana Merola, Kristin Molinari und Autumn Stiles … sowie deren Eltern, die es beim Fotoshooting so geduldig mit uns ausgehalten haben.

Unseren Friseuren Azad Desmeropian, Shukran Dogan, Catherine McDermott, Rhondalyn Roberts, John Lisa und Angela Woodley.

Den Stylisten Maria Stefania Vavylopouiou und Shima Green, die für die Mädchen die coolsten Klamotten aussuchten.

Der Dank gilt auch Josephine und Katherine Yam von Colourscan, Nanette Cardon, und natürlich Angela Coppola sowie Donna Mancini, Cristina Clemente, Nichole Morford, Sharon Lucas und Gregor Hall für all die Hilfe und Unterstützung.

Zu den Stylingprodukten, die in diesem Buch verwendet wurden, gehören folgende Produkte von L'Oréal Studio Line: FX Cristal Wax, Special FX Out of Bed, UltimFix Styling Gel, Styling Mousse, UltimFix Haarlack und Fixierlack.